麦 肯 锡 学 院

麦肯锡工具

项目团队的行动指南

THE McKINSEY ENGAGEMENT

A Powerful Toolkit for
More Efficient and
Effective Team Problem Solving

[美] 保罗·弗里嘉 著 赵银德 季莹 译
Paul N. Friga

机械工业出版社
China Machine Press

图书在版编目（CIP）数据

麦肯锡工具：项目团队的行动指南 /（美）保罗·弗里嘉（Paul N. Friga）著，赵银德，季莹译．—北京：机械工业出版社，2020.7（2024.8 重印）
（麦肯锡学院）
书名原文：The McKinsey Engagement：A Powerful Toolkit for More Efficient and Effective Team Problem Solving

ISBN 978-7-111-65818-4

I. 麦… II. ①保… ②赵… ③季… III. 企业管理－经验－美国 IV. F279.712.3

中国版本图书馆 CIP 数据核字（2020）第 098318 号

北京市版权局著作权合同登记 图字：01-2009-2119 号。

Paul N. Friga. The McKinsey Engagement：A Powerful Toolkit for More Efficient and Effective Team Problem Solving.

ISBN 0-07-149741-1

麦肯锡工具：项目团队的行动指南

出版发行：机械工业出版社（北京市西城区百万庄大街 22 号 邮政编码：100037）
责任编辑：郝梦莹
责任校对：殷 虹
印 刷：保定市中画美凯印刷有限公司
版 次：2024 年 8 月第 1 版第 13 次印刷
开 本：130mm × 185mm 1/32
印 张：8.75
书 号：ISBN 978-7-111-65818-4
定 价：59.00 元

客服电话：（010）88361066 68326294

总序一

麦肯锡并不神秘，方法论铸就神奇

摆在你面前的这三本以麦肯锡命名的书——《麦肯锡方法》《麦肯锡意识》《麦肯锡工具》，绝对谈不上是名著，两位作者也不是什么大牛，它们在美国一再出版并极受欢迎，在我看来，既是因为书名中包含着世界顶级管理咨询品牌“麦肯锡”，也是因为三本书都紧扣“解决问题”这个在职场或者更大范围内的人生的关键焦点。作者提供给你的，不是居高临下的说教和炫耀，不是在今天的书榜上有点儿泛滥的煽情与励志，也没有打算帮助你补充什么缺失的专业知识（这些永远都补不完、学不够），而是希望你通过较为系统的学和练之后能够以某种方式“洗心革面，重新做事”，掌握这种“麦肯锡”的或者“解决问题”的有效方法论。作者的写作初衷，就是想把麦肯锡的几招“看家本事”说出来，惠及普天下。

说到看家本事，25 年来，我常常惊诧于学院里的一些师弟师妹或者学生小子，青葱年少，摇身一变就成了麦肯锡公司的大牌顾问，往来尽高管，谈笑超自信。是吃了什么灵丹妙药，还是谁点化了这些脑袋？认真想想，我找到了一条原因：也许是因为这些优秀学校毕业的年轻人，本身素质够格，一旦加入了这个强势品牌，站在了巨人的肩膀上，靠着公司积累了数十年的行业知识，并不断有成熟的合伙人或者资深经理从旁教授，说话办事靠谱起来也是应该。但是接触麦肯锡和其他领先管理咨询公司多了，我发现，除了“洗脸”（印上麦肯锡这个卓越品牌）这一过程之外，还有另外的原因同样不可小觑，甚至需要大书特书，那就是他们进去后还有重要的四洗：“洗心”“洗脑”“洗手”“洗脚”。

所谓“洗心”，说的是受到麦肯锡文化的熏陶，对于专业服务和帮助企业的理解与承诺，在知其然也要知其所以然的过程中，积极地影响（改变）商业实践。关于这一点,《麦肯锡传奇》[1]一书给出了极好的诠释。从这家公司的奠基者马文·鲍尔追求完美、缔造卓越的传奇一生,我们能够更好地理解麦肯锡公司的精神实质,甚至更广义地,让所有从事专业服务的同人,都保持着一种谦卑和敬畏。《麦肯锡传奇》是我们的“麦肯锡学院”丛书之四,尽管不是我们所说的这两位作者的作品。

“洗心”费时费力,也并不是总能成功。有些人离开麦肯锡,是因为始终不能脱胎换骨似的被这样一种很强势的文化所命中,以其作为自己的信仰。难说好坏,不适便是。但是,离开麦肯锡的人,甚至那些成为大公司掌舵者、拯救者(这种说法显然太夸大个体英雄主义了,此处只是从俗)的麦肯锡校友,除了麦肯锡精神、文化和价值观对他们的影响让他们与众不同之外,还有很重要的一条,便是他们的工作方式、运作方式、合作方式,甚至生活中的劳作方式、动作方式,都被他们曾经服务过的这家公司“定型”(Shape)过了。而这个“定型”过程,靠的是洗脑、洗手、洗脚,改变的则是意识、

[1] 本书已由机械工业出版社出版。

方法和工具。

所谓“洗脑”，即《麦肯锡意识》，讲的是怎样从思维方式上，真正成为一个团队合作的、面向对象（也许是客户）的、强调改善与结果的问题解决者。而“洗手”——《麦肯锡方法》，实际上是这三本书中最先问世并一炮打响的畅销书，强调的是一些不管在什么工作环境下，都可以更有效解决问题的技巧性很强的工作方式、小窍门，不过小窍门却能派上大用场。最后说说“洗脚”——《麦肯锡工具》，这一本想从更有研究和证据的角度，把这些方法、打法、套路上升为方法论、工具箱、武器库，是对那些更尊重逻辑、寻求道理的学习者和阅读者的深入满足。这“三洗”，骨子里高度一致，就是要你变得“训练有素、行动得法”。这三本书兜售、传播的到底是什么？通俗一些说，我们平时喜欢夸别人说话办事“靠谱”“上道”“挺是那么回事儿”，这三本书就是“靠谱”的“谱”、“上道”的“道”和“挺是那么回事儿”的“那么回事儿”。呵呵，所以，认真学习和掌握了这些，你就能成为一个总是被上述赞誉围绕的人，即使你不是也不打算成为一个咨询顾问，即使你只是个热衷于学习管理的蓝领师傅或者掌权主妇。

所以，麦肯锡或者很多其他的大公司在面试新人时，并不特别着眼于已有的知识积累（背书考试的成果），更看中的是面试者所表现出的意识、方法和工具（尽管朴拙）在本质上是否符合这样一套规范的、以批判性思考和创造性思考为基础的、逻辑自洽且行之有效的系统要求，或者有没有相应的素质能够修炼并掌握这样一套方法论！尽管一切都能学，都不晚，但是掌握这些本领，你确实还有一个很大的敌人：你自己，过去的你，你过去的思维方式、工作方式和其他的习惯。在我看来，这套方法论中，重视“渔”超过“鱼”，重视“学会学习”而不是“知识学习”，重视“严密假设、小心求证”而不是“天马行空拍脑袋”，重视“团队一体”而不是“我的地盘我做主”。你也许不喜欢这套方法论，觉得束缚而不够舒服，觉得啰唆而不够痛快，那只能说明它们不是说给你听、写给你用的，但是许多年的实践证明，这套法子很灵。

千万不要误解，认为只有将来要从事咨询工作的人才有必要阅读和学习。在今天，许多学校开始考虑改革传统的MBA教学过程，增加更多的软技能和整合实践学习。我认为这三本书有很好的读者群体：入学导向周里的MBA学生、整合实践学习和软技能培训（包括沟通、思维、团队训练）中的MBA学生。各学院很想较为系统地做些“双基”训练，帮学生养成一些对未来MBA学习和管理生涯长期有用的思维和行动习惯，从这个意义上看，这几本书是蛮适合做训练导引和参考手册的。这三本书不需要都仔细读（必须承认，三本书中有不少重叠冗余之处，也有一些过于理论的部分会让看重“拿来用”的学习者读得很累），你可以看看风格，读两页后判断一下哪本书更适合你：是更理论些的，还是更实操些的，还是二者得兼。如果老师愿意选取书中的一些片段直接指点给学生，当然会省事，但是要小心，要尊重它的整体性。

熟悉咨询行业的读者一定会发现，正如咨询顾问讲事儿时的习惯一样，这几本书逻辑性强，但有点儿

“干”。很多读者第一遍读，难免会感觉有点儿“云里雾里”，迷失在概念丛林中，但只要你耐着性子看，过了那道坎儿，就是跟你过去自由自在干活儿相比要开始“事事儿”起来的那道坎儿，这套说法和做法往往就会深得你心了。当然，这也反映出你的个人价值观与麦肯锡文化的契合度，因为每个做法的背后，是“崇尚理性、讲究服务、持续提高”的文化。不舒服，请坚持再试；吐之前，别轻易放弃。总之，你得有点儿执着，才能享受这顿盛宴。

最不该读这些书的人，大概就是麦肯锡公司的顾问了。他们大都会觉得这些书有些小儿科，写书的人有点儿拿麦肯锡做招牌，以及这些东西还算不上绝学，等等。嗯，大体上同意。好在这些书确实不是给在麦肯锡工作以及想去麦肯锡工作的人写的，他们该追求的是“手中无剑，心中有剑”的境界。而这些书的大部分目标读者，都是先要手上拿起这么一把趁手的“家伙”披荆斩棘，壮壮声势的。相比之下，市面上那些所谓的战略、整合、重组之类的《武穆遗书》般的兵法奇著，年轻的管理学习者最好还是敬而远之。咱们需要把军体拳和太极剑先练熟——明天就贯通任督二脉纯属做梦，咱们必须得从入门的一招一式练起。套用一句 2008 年后流行起来的新俗话，叫作回归基本（Back to Basic）。说得多好，不是初级，而是基本——最简单的三板斧，往往在关键时刻救命，这才是最高级的功夫！

也许有一天，作为这几本书受益者的你，历练多年，无论言谈与逻辑的缜密，还是选择与决策的严谨，居然会被人讥笑："大哥（或美女），咱别这么麦肯锡好不好！"呵呵，也许正说明你作为一个麦肯锡的门外汉，经过了这难得的"麦肯锡学院"的修炼，掌握了麦式基本功几许。别骄傲，还不够。除了锻炼方法，还要淬炼心法。书的作者在前两本书（即《麦肯锡方法》《麦肯锡工具》）里特别爱举一位"麦肯锡校友"、曾任安然公司 CEO 的斯基林做正面案例——安然的崛起和坠落他都有重要干系。这绝不意味着这几本书错了，而是需要你洞察其局限。剑法高超者，却因着害人与救人的分别，成就了"恶"与"侠"。华山派出了岳不群，并非功夫本身的错，而是要参透“功夫只是功夫，功夫仍是功夫”的辩证玄机。

我之所以想给这么几本书做推荐，并不是冲着麦肯锡的名头。相反地，倒是书中处处流露出的“麦肯锡并不神秘，方法论铸就传奇”的平易色彩打动了我。因为麦肯锡三个字而买下这些书的你，一定要明白方法论才值得你花那些银子。看完后，千万别迷信麦肯锡：路子对了，你也行。

杨斌　博士

清华大学经济管理学院领导力研究中心主任

总序二

麦肯锡商学院重装上阵、致敬经典

十年前，“麦肯锡学院”丛书陆续面世。十年来，《麦肯锡方法》《麦肯锡意识》《麦肯锡工具》和《麦肯锡传奇》这四本书加印三十余次，读者甚众。

埃隆·马斯克大谈“第一性原理”的时候，众人四处求索，这是什么神奇法门？蓦然回首，《麦肯锡方法》《麦肯锡意识》其实就是第一性原理的解题方法。

企业创新，言必称“敏捷组织”“敏捷方法”。定睛一瞧，《麦肯锡工具》与敏捷团队的工作手册高度一致，尤其适用于软件开发、产品开发以外的敏捷应用场景。

业界的共识基本形成：伟大的企业一定是由使命和价值观驱动的，而非单纯追逐利润。而且，越来越多的中国企业从“合伙人”这个古老的制度安排中寻找企业价值观塑造和传承的密码。作为专业服务领域合伙制企业的创业史诗,《麦肯锡传奇》充满了人性的光辉和尘封的细节。

在 2020 年这个大时代节点，再版“麦肯锡学院”丛书，幸甚至哉!

除了解题方法论这样的“硬核”技能之外，本次的新版丛书也增加了《麦肯锡领导力》这个“软核”话题。这本书是两位麦肯锡现任合伙人的新作——摒弃时髦的喧嚣，萃取经过时间考验的组织领导力十项原则。

当我们向经典致敬时，麦肯锡的同事们意识到，想要解决高度不确定的现实问题，或切实提升领导力，仅仅阅读书本毕竟有很大的局限性。因此，在过去几年中，我们投入了巨大的热情和精力，把这些方法和工具开发成学习课程，并以此为基础组建了麦肯锡商学院。这些麦肯锡商学院的训练课程，主要通过线上学习，践行个性化学习、游戏化互动、量化测评认证的原则。麦肯锡商学院与经典书籍相互辉映，用最新的科技和近百年沉淀下的实践智慧，为中国的人才赋能!

张海濛

麦肯锡全球资深合伙人

亚太区组织领导力咨询负责人

前 言

两名特种部队的狙击手在杂草丛生的灌木丛中悄无声息地向沉睡的敌人逼近，丝毫未被敌人察觉。虽然数周的地形导航训练使得这一特殊任务执行起来犹如日常任务一般，但他们清楚这可不是一次演习。他们配备有高清晰夜视镜，可以帮助他们在漆黑的夜里清晰地看到前方100码[一]的目标。队长向其中一名职业狙击手（在严格的特种部队课程考核中，他名列第一）低声发出指示，同时以无线电向基地指挥官汇报。参与该行动的每个人都确切知道接下来会发生什么……对敌人的电台进行定位，狙击手要分秒不差地在两个小时后赶到指定集

[一] 1码=0.9144米。

合地点。毫无疑问，他们的这次任务会取得成功，自信源于数月来的体能和心理调适、情景模拟训练以及数以千计特种部队成员之前的实战心得。

经历数百年战争洗礼的军队已然成为许多领域的专家，而这些领域与现代企业密切相关。许多关于领导之道（例如我曾读过的《匈奴大帝的领导智慧》）、组织架构、战略决策（如 CEO 和一些博士生战略课程上必读的《孙子兵法》）的书籍大都取材于军队组织。事实上，许多现代商业用语都源于军事用语，如任务、视角、等级、战略沟通、集中度、专业化等。其中的主要理由就在于，军事战术中的很多知识会对商业实战产生积极的影响。本书旨在阐述军事运作流程的标准概念以及来自执行和综合训练的有益经验。

詹姆斯·麦肯锡，芝加哥大学教授，于 1926 年创立了麦肯锡公司。经过 80 多年[1]的发展，现已成为全球最成功的战略咨询公司之一。麦肯锡给咨询业带来了一种颇为结构化的“咨询方法论”，并使其成为当今麦肯锡人的信仰。麦肯锡人明白，能在咨询业获得成功的

[1] 本书英文版于 2009 年出版。——译者注

人只会是那些运作模式与世界一流特种部队一致的弄潮儿——他们接受过方法论的高强度训练，重视团队合作和执行。

本书旨在探索麦肯锡等少数顶尖咨询公司，以及某些顶尖 MBA 项目是如何通过团队协作解决问题（team problem sloving，Team PS）来卓有成效地帮助其客户实现巨大回报的。当许多人共同参与解决某个重大议题时，就会涉及团队协作及对问题本身的分析。

在麦肯锡公司，所有项目都需要以团队协作的形式来解决问题。按照军事术语，项目被称为任务。不管名称如何，几乎所有的重大商业决策都是由团队来完成的。麦肯锡堪称全球最擅长通过团队协作解决问题的公司之一，因此公司提供的服务往往可以收取较高的费用。

本书的目标很简单，那就是提供提高团队解决问题的效率与效力的工具。本书以广大读者的利益为核心，突出并落实了广泛应用于麦肯锡等咨询公司的“特种部队”的方法经验。本书不追求理论上的高深莫测，相反，强调的是实战应用，可用于指导那些面临 Team PS 却因忙碌而缺乏时间找到解决方案的学者、咨询顾问和学生。

你是否参加过某个完美项目或实战研究，而那些项目在团队协作以及发挥个人智慧之间达到了完美的平衡？说实在的，我可没有遇到过这样的机会。我们都曾服务于卓越的团队，致力于宏伟的项目，但总有地方可以改进。难道不该对解决问题的方法怀有极大的自信吗？难道你所在的公司、组织或学校拥有能产生世界一流的高效执行力的连贯体系不是一件好事吗？我深信本书中的攻略对于提高团队协作解决问题的能力一定会有深远的意义。

本书描述了来自以往项目的重要经验（有好的，也有坏的）以及许多来自商界和军队的智慧结晶。我个人在过去 20 年所获得的经验也为我完成本书提供了指导。在过去的六年里，我一直记录着自己的观点，一直在采访专家，也一直在构思本书应当包含的概念。我希望本书能够帮助读者培养麦肯锡等一流咨询公司利用团队协作成功解决问题的能力。

背　景

及时回顾总是极为有益的。我的那些有关项目管理的经验，最早来自在普华永道会计师事务所的经历。普华永道不仅让我学到了相关经验，还让我目睹了一些计划极其周密的项目（审计项目）以及一些计划极其糟糕的项目（重组咨询项目）。在普华永道工作六年后，我还是回到了学术界并在北卡罗来纳大学教堂山分校的克南－弗拉格勒商学院获得MBA学位。毕业之际，国际上顶级的咨询公司向我敞开了大门（每年的调查都显示，因解决问题方法论（problem-solving methodlogies）而著称的麦肯锡公司一直是MBA毕业生的首选）。

离开麦肯锡之后，渴望成为一名教授的我又回到了学术界，回到了教堂山。在攻读博士期间（也是在北卡罗来纳大学教堂山分校），我与艾森·拉塞尔（《麦肯锡方法》的作者，该书讲述了麦肯锡的文化和工作技巧）合著了《麦肯锡意识》，该书呈现给读者的是**麦肯锡校友**在不同机构的实践经验。两本书都好评如潮，发行总量达十万多册，并被翻译成十多种语言。

麦肯锡公司把离职的同事当作校友（alumni）对待：Once McKinsey, always McKinsey。

博士毕业后，我在印第安纳大学凯利商学院

讲授战略和管理咨询。之后，我作为克南－弗拉格勒商学院的教授回到北卡罗来纳大学。此外，我也为许多管理与咨询类教育项目讲授战略、管理咨询和战略思维方面的课程。正是在此期间，对许多一流咨询公司培训项目的研究让我最终构建出本书所展示的关于项目管理的理论框架。

在撰写本书时，我想对本书和《麦肯锡意识》中所提出的观点做进一步的阐述。其中的差异在于本书提供的是操作攻略，而这也是我坚信本书能使读者受益的原因。虽然本书在结构上稍稍不同于《麦肯锡意识》，而且更侧重于操作层面，但本书仍以《麦肯锡意识》中的模型所描述的概念为出发点（该模型以 Team PS 项目中常见的分析、管理以及沟通为核心）。

麦肯锡的工作成果衡量指标通常是影响力（impact），即对客户、对行业、对社会的影响程度，在招聘咨询顾问时，这个人是否具有影响力（personal impact）也是重要考量之一。

方　法

在为团队协作解决问题而创建“标准操作程序”（SOP）的过程中，我始终把拿出具有高**影响力**的解决方案作为首要目标。在全套 SOP 制定后，这些观点通过培训项目、第三方调研以及与咨询专家数百次的会谈来加以验证。我设立培训项目以便学生、老师、经理和咨询专家的参与，而每次会议都会以成功项目管理的那些切实可行的攻略（tactics）为重点。这种方法也要求对有关项目管理、咨询和战略思维的书籍进行研究。与麦肯锡等一流咨询公司现任咨询顾问及校友之间的交流是我最宝贵的经历，他们仔细聆听我的观点，与我分享他们的想法。

在这个过程中我收获了什么呢？我获得了一些重要的理念。首先，这些理念并不难学，在本书中也不复杂、新奇。本书所提及的价值主张，以及促使我坚持不懈地完成本书的动力就反映在这些理念的整合、执行的侧重点以及将这些理念应用于现实的活生生的案例中。此外，如果运用到项目中，那么书中的这些案例分析模板和工具可大大节约团队的工作时间。

其次，我了解到这些理念全面贯彻的重要性。对麦肯锡以及其他机构这些年来的成功进行的分析越深入，就越会发现此类成功都源于对价值和规则不断的清晰阐述。我在许多其他咨询公司的讨论和培训项目中看到过类似的理念，但这些公司没有几家能够在项目管理上实现卓越（这里指的是团队解决问题的能力，这比单纯意义上的项目管理要宽泛），当然也没有像麦肯锡那样取得持久的国际影响力，毕竟麦肯锡曾为《财富》100强中的大部分企业提供过咨询服务。将这些规则付诸实践的核心要件之一就是，要不惜重金招聘人才、将员工领入行、对其进行“传教”一般的培训和辅导，并奖励那些对麦肯锡的成功做出贡献的员工。

最后，优秀的咨询顾问必须掌握“讲故事”（story telling）的艺术并善于讲故事。相比其他方法，一则精彩的故事往往有助于抓住听众的注意力，有助于建立良好的人际关系，也有助于说服听众。本书所介绍的模型就体现了这一理念，而且这一理念对项目的圆满完成起着至关重要的作用。本书不仅介绍了专业顾问运用这些方法论的故事，还介绍了一个由MBA学员组成的团队在一个非营利性项目中运用这些工具、记录调查结果并讲述实际项目的执行故事。我们在这个项目咨询中不但检验了有关项目管理方法论中最重要的假设，也从那些以此为生的人以及学习这门艺术的学生那里加以证实或证伪。接下来介绍的就是受我在麦肯锡工作经历的启发并经数年潜心研究而得的最新模型，我衷心希望它能对你有所帮助。

目　录

评价是影响团队成员成长的关键因素，你需要围绕明确的目标对团队及其成员进行评价。富有建设性的反馈是门艺术，它会不断激励并鞭策团队成员。

激励应当“因人而异”。团队主管的任务在于了解团队成员的差异，并确保对特定的人采用了正确的激励方式。

分工的主要目标是既要提高效果（做正确的事情），又要提高效率（把事情做好）。在开展工作之前进行分工，对项目有增值作用。

引 言

模 型

下面对 TEAM-FOCUS 模型进行介绍。先进行总体描述，之后分章对每一要素进行详细阐述。每章都会给出一个核心概念，并从以下五个方面明确而直接地细述标准操作程序（SOP）。

- 概念：主题概要。
- 执行规则：给出三条最为重要的行动建议。
- 操作攻略：给出非常具体的策略建议。
- 实战故事：介绍麦肯锡校友和商学院学生应用这些概念的情况和体会。
- 案例研究：讲述在非营利性咨询项目中应用这些概念的真实故事。

我相信这些概念可用 TEAM 和 FOCUS 这两个缩略词来表达，因为它们不仅强调了模型中最关键的因素，更为重要的是体现了模型中两大关键因素的精髓。本书就以这里所讲的 TEAM-FOCUS 模型为框架。值得注意的是，在麦肯锡的培训手册上可找不到 TEAM-FOCUS 这个缩略语。我创作 TEAM-FOCUS 模型的初衷是记录我在麦肯锡等公司参与 Team PS 工作时所做的研究以及获得的经验。在过去的六年里，我一直在完善该模型，希望总结出一个框架，以反映那些有助于在该领域取得成功的因素。因此，尽管它并没有在麦肯锡应用过，但与麦肯锡传授给那些为世界一流公司提供咨询的资深顾问的理念是一致的。

上篇（TEAM）涉及人际交往中影响项目管理和团队问题解决的四个核心要素，即 TEAM 这一关键词。

交流（Talk） 决定项目组能否高质量解决问题的最重要因素之一就在于是否构建了通畅的沟通渠道。本章讨论了专门的沟通工具，并提出了寻求最佳沟通方式的建议，包括与核心团队成员之外人员的沟通，也给出了处理人际交流的技巧。本章还专门讨论了交流中的倾听问题。

Interpersonal 人际要素	Analytical 分析要素
Talk 交流	Frame 界定
Evaluate 评价	Organize 分工
Assist 协助	Collect 收集
Motivate 激励	Understand 解读
	Synthesize 提炼

TEAM-FOCUS 模型

评价（Evaluate） 团队协作是一个动态的过程，最为优秀的项目组往往会评估当前的绩效水平并据此对工作方法加以调整。有效的评价首先要做的是，就团队预期、团队规范、具体工作流程以及进度监督工具进行开诚布公的讨论。不过，我们所谓的团队评价是基于每个麦肯锡公司把每位员工的“弱点、不足”称为“改进方向”（development needs），它强调的是未来的提高空间，而不是今天的不足。

团队成员的发展规划，应能使每位团队成员得到持续的成长和发展。每个人都有自己的长处和不足，而评价是唯一能让我们明确发展重点的方法。

协助（Assist） 完成评价后，团队工作的下一个重要阶段就是协助他人完成团队的目标。评价的目的是弄清楚团队成员的具体优点并使这些优点得以充分发挥，所以协助应建立在评价的基础上。策略性地利用这些独特能力既是所有特种部队的基本要件，也是一种常识。与此同时，团队成员相互间必须对所分配到的任务负责。为了保证协助过程合理，坦诚、真诚、及时的反馈机制一定要就位。

激励（Motivate） 作为 TEAM-FOCUS 模型中人际要素的最后一项，激励要素涉及非常具体的激励策略，需要我们着重考虑的是如何激励团队成员。因此，在项目伊始，就要对那些团队成员各自的激励因素进行坦诚的非正式交流，而且关注对个人的激励往往能使我们走得更远。同样，优秀的团队往往都能对个人的贡献做出积极的评价，并愿意花时间让团队聚在一起进行庆祝。这方面，随着年龄的增加，我们似乎越来越不会这样做。

下篇（FOCUS）反映了那些影响项目管理成功的核心分析要素。其实，FOCUS 这一单词本身就准确表达了这层含义。

界定（Frame） 作为 FOCUS 模型中的第一个要素，界定被公认为是整个模型中最为重要的。从本质上讲，在开始大量收集数据前，对问题进行界定包括三步：确认研究的核心议题，就即将开展的调研画出议题树，并形成需要在项目中加以检验的假设。界定做得好，问题就会得到有效解决，因为这样就能确保所做的工作转化成有超凡影响的结果，形成有效的最终解决方案。

分工（Organize） 在打造能高效解决问题的项目组时，分工环节虽显枯燥却必不可少。一切团队都是以某种方式组织起来的。不过，据我调研，高效团队大多根据解决问题的假设进行分工，先运筹帷幄，而后付诸实施。不幸的是，许多时候，某种默认的方法似乎会驱使项目组围绕浅显的现象迅速完成分工，而不是基于所要研究的关键问题的潜在解决方案。

收集（Collect） FOCUS模型的“收集”要素为收集相关数据提供了指导，从而避免过度采集那些无用数据。高效项目组的数据分析往往都是有的放矢，而不是“多而无当”的。

解读（Understand） 项目组收集数据，必须以能否证明或推翻假设为标准。在麦肯锡，人们常常使用“那又怎样”（So What）这一设问。“那又怎样”就是要弄清楚这些数据对项目组有哪些帮助，以及最终对客户到底意味着什么。

提炼（Synthesize） FOCUS模型的最后一个要素就是将信息提炼成一个引人入胜的故事。提炼环节是著名的金字塔法则发挥作用的地方，通常需要撰写一篇书面报告或制作幻灯片。在这一章，我将给出用于指导整理和交付最终方案的原则。

展 望

这是一本关于如何行动的书，每一章都旨在提供工具，从而帮助所有的团队成员在项目启动前了解项目内容。随着项目的进行，再对每部分内容进行深入研究。本书也适用于学术领域，可以用来讲授团队如何实现协作、如何开展咨询及项目管理。任何类型的实战研究课程或咨询项目都可直接应用本书所介绍的理念和模板。本书的每一章都以第一人称对这些工具如何在实际项目（我们的案例研究）中运用进行了总结。

案例研究是本书的核心。虽然我在普华永道和麦肯锡曾亲历了相关规则，并且在教学的过程中有所心得，但我深知只有将它们放到实际项目中加以检验才是最关键的。六位愿意与我一起完成非营利项目的学生把这个机会当成一次学习和求职的经历，其中蒂姆·克日维茨基在书中讲述了参加这次团队的经历。

案例研究

我是蒂姆·克日维茨基，印第安纳大学凯利商学院MBA 一年级的学员。一直以来，人们希望我讲述在与弗里嘉博士完成某个非营利项目时，使用 TEAM-FOCUS 模型的经历。这里，我首先要对该项目进行概述，接着介绍团队成员的背景，最后说明本书是如何逐渐展开该案例研究的。

我们团队的任务是对一块位于印第安纳州约翰逊县的飞地（森特格罗夫）进行调研，并对该地区的非商业领域制定战略。具体而言，就是要评价森特格罗夫面临的三个选择：成为一个独立的实体、与邻镇合并、维持现状。

我们的团队成员都是志愿（但也有点不知情）加入该项目的，为了获得实战经验，同时也是为了对社区有实际影响。从项目一开始，我就明白了该项目与标准商业管理咨询项目的区别，因为我们需要解决的是一个公共课题。不过，这一有趣的课题完全可能让我们影响整个社区。该项目的另一特殊性在于它是由上一届 MBA 学员发起的，因此我们既非半路杀出也非从头做起。我们要在前进的路上拾遗捡宝，取精华去糟粕，同时还得控制好原先定下的最后限期：四个月后在镇政府会议上提交该项目的建议方案。

记得弗里嘉博士称每位成员都是明星。我们的全明星团队由五位 MBA 学员组成，包括艾伦、舒柏瓦、瑞其塔、沙丽妮和我，由项目合伙人弗里嘉博士负责领导。二年级 MBA 学员克里斯·坎农担任项目经理一职。他的确为该项目做出了特殊的贡献，目前作为军官在阿富汗为国效力。在参与该项目时，我是印第安纳大学法律博士和 MBA 联合项目的二年级学生。不过，在凯利商学院则是第一年。同时，我还在攻读机械工程学士学位。因此，我具有较完善的知识结构和宝贵的非商业专业技能。然而即使没有多领域从业的背景，我们团队成员的构成仍然是十分均衡的：艾伦具有管理学和金融学背景；舒柏瓦有计算机信息系统和信息技术方面的多个学位；瑞其塔侧重工程和金融方面，擅长定量分析；沙丽妮的独特贡献在于她的市场洞察力和国际视角，她曾在六个国家待过并能说五种语言！毫无疑问，团队成员的经历可能会有交叉，但我们的背景及兴趣却是多样化的，足以提供多种视角从而使团队更具创造力，工作更为有效。

本书中每章的结尾部分都会描述我们如何将本章的执行规则和操作攻略的核心内容运用到项目之中。请留意其中的文献和图表，同时我也把一部分相关的项目成果纳入其中。由于篇幅所限，我的表述无法面面俱到，只能突出强调那些使该框架更好地运用到实际项目中的关键所在。坦白地说，我们的一些经验是非常积极的，但其他的充其量也就是中性。同样，我们采用了弗里嘉博士的许多操作攻略，但并未全部使用。我们的项目并非尽善尽美，也遇到过一些困难。然而，据我所知，约翰逊县项目十分成功，而且在该地区的影响也将持续下去。更为重要的是，本书为你提供了一个平台，在此你可以通过实际案例来审核每章详述的攻略和工具，并能激励你去设想应如何成功实施下一个项目。我真诚希望广大读者通过 TEAM-FOCUS 模型的实际运用，能够从我们的成功和差错中有所获、有所得。

上篇

人际要素

TEAM

· 第 1 章 ·

交 流

Interpersonal 人际要素	Analytical 分析要素
Talk 交流	**F**rame 界定
Evaluate 评价	**O**rganize 分工
Assist 协助	**C**ollect 收集
Motivate 激励	**U**nderstand 解读
	Synthesize 提炼

概 念

对 Team PS 的剖析和完善应从最明显的团队互动要素（交流）入手。不过，在我看来交流要素不仅最为重要，而且非常棘手。事实上，在我研究和采访麦肯锡校友的过程中，交流一直处于全部人际要素中最重要的地位。在团队解决问题时，为什么简单的交流行为会引起这么多的问题？个中原因通常在于我们缺乏具体的执行规则，在于我们往往偏爱发表高见而不愿倾听，还在于我们总是固执己见。好在只要做一些细微的调整就能有效改善项目组成员间的沟通，而这正是本章的主旨所在。

回想一下你最近一次通过团队协作解决问题的情况，反思一下整个沟通过程。具体来说，不妨对以下问题做一回答：

- 在查询同事的联系信息时，是否遇到过困难？
- 是否有团队成员在小组会议中贡献不足？
- 项目进行过程中，是否存在重复工作或返工的现象？

- 是否有团队成员过于坚持某一观点？
- 是否有些会议效率低下，或者说会议结论缺乏具体、明确的行动目标？

即使你不记得遇到这些问题的具体情形，但在下次遇到类似问题时，本章给出的建议可以使沟通变得更有成效。

执行规则

通过在麦肯锡公司的观察以及与数百名麦肯锡公司咨询顾问和校友的交谈，我很快意识到需要公司优先考虑的问题非沟通莫属。沟通虽不像能使项目绝地逢生的撒手锏那样威力十足，但其重要性不言而喻。讨论沟通技巧很是乏味，但沟通完全有理由作为本书的开端。交流的规则（广义的沟通规则）的确自始至终影响着项目中的每个人，其影响之深远大大超过本书所要阐述的影响 Team PS 的任何其他因素。

本书各章都提供了三条关键的执行规则，旨在对各章所讨论的 TEAM-FOCUS 模型中的要素进行具体解释。紧接每条执行规则的是具体的操作攻略，以便在后续项目执行过程中应用这些规则。最后，每章都会以我所做的调研案例作为结尾，旨在通过或成功或失败的例子来说明这些规则对团队问题解决的影响。

规则一：沟通不息

为了进行这方面的讨论，先做一些非严格意义上的数学分析，比较一下沟通过度和沟通不足的成本。先来看看沟通过度的成本：

- 重新撰写报告或电子邮件花费的时间。
- 阅读重新撰写的报告或电子邮件所花费的时间。
- 电子邮件或语音邮件的一次次更新所带来的烦扰。

其次，考虑一下沟通不足所带来的潜在成本：

- 无法得到关于重要问题的其他（也许不同的）观点。
- 重复劳动，多人做同一件事。
- 得出错误结论或分析过程需要重大返工。

以上哪种情况的潜在成本更大，即对项目组而言风险更大呢？在我看来，沟通不足的成本远高于沟通过度的成本。据此，我们可以得出第一条执行规则：沟通不息。这条规则应贯穿于项目的整个过程，项目组的每位成员都应与他人分享关于个人背景、项目背景、同类项目、议题、交付、收获、新点子、问题界定变化以及客户见解方面的信息。这里既包括好消息也包括坏消息，但特别要关注那些坏消息，因为它们更有可能需要投入和调整。这些方面的沟通大多通过电子邮件来进行，而电子邮件可以存档以供将来查阅。不过，最好合理地使用电子邮件、电话和面对面沟通，因为电子邮件会产生误解，而其他形式的沟通则有助于建立团队的和谐关系并创建开诚布公的沟通氛围。比尔 · 杰尔兰德是我的好友，长期从事顾问工作。一直以来，他每天都要与他的项目组进行

“闪电式会议”，借此找出项目的关键点并分享彼此的观点。对于那些交付期限很紧的项目，这种方法非常重要。

规则二：用心倾听

虽然对于经理主管和咨询顾问而言，倾听技巧通常被视为最重要的技巧之一，但有趣的是，无论是在MBA课程还是在本科管理学课程中，很少开设正式的倾听课程。以我为例，就有喜欢打断别人讲话的缺点。我想问题的原因在于自认为自己很聪明，知道别人要讲什么。不过，这样的行为事实上很不礼貌。对于项目组的每位成员而言，关键的执行规则之一就是学会倾听。

对于如何做一名好的倾听者，麦肯锡会提供专业培训。公司为此倡导许多倾听技巧，其中有四个诀窍我觉得值得一提。

- 放下议程：对自己的议程要学会放手，不要怕被打断。

- 关注发言者：不仅要看着发言者并保持眼神交流，而且要集中你的全部注意力。
- 鼓励：对发言者给以语言的和非语言的鼓励（如通过肢体语言来传递鼓励）。
- 总结：通过总结、重复，确认对内容的理解。

另一个与倾听相关的建议就是积极地向那些尚未给团队贡献智慧的成员征求意见。对于那些内向的团队成员而言，这尤为重要。

规则三：人事分离

关于交流的最后这条执行规则对于创造和谐团队最为有效。当团队成员正全力解决棘手的问题时，这条规则尤其有益。我想每个人都经历过七嘴八舌讨论的情况。在团队解决问题时，团队成员的多样性会带来不同的见解，而这往往有助于找到更好的解决方案。其实，真正重要的并不是问题本身，而是处理不同意见的方法。不过，难题往往在于每当我们提出一个想法或观点时，就会受到它的束缚。一旦自己的观点遭到小组的反对，我们可能会变得冲动并进行激烈的争辩以使他人接受自己的观点。不过，最好的办法是说出自己的观点，把问题本身和提出问题的人相分离，然后从正反两面对观点展开讨论，重点关注积极的方面。

操作攻略

如前所述，本书每章都总结了一套具体的操作攻略，旨在帮助团队在解决问题时实施相应的执行规则。虽然这些攻略都很普通，但如果团队能使用本章或后面各章所给出的操作攻略，那么团队工作必定更有效率。

就 TEAM-FOCUS 模型中的交流要素而言，操作攻略如下。

- 攻略 1：记录并分享项目组内部和外部的所有联系资料，明确“盯人防守”式的沟通负责关系，并确定项目的总体范围。

- 攻略 2：对与项目进程相符的会议日程达成一致，并保证整个项目组每周至少碰头一次，邀请客户参与部分会议，而对于那些期限为一两周的项目，则最好每天碰头。
- 攻略 3：所有会议都应该有一个明确的议程（或列出一张供讨论的问题清单），并做出具体的决定和新的行动方案。
- 攻略 4：通过频繁的电子邮件交流使团队成员了解项目的最新进程，不过格式要简单统一。请记住，过度交流（over communicate）肯定会好于交流不足（under communicate）。
- 攻略 5：在评估问题本身和意见的正反两面时，一定要把人与他所提出的见解分开。在评价问题时，应就事论事，要摒弃针对人的个人成见。

实战故事

实战故事一：工作拖沓的代价

这则故事来自一位曾供职于亚洲的两家主流咨询公司的管理顾问，表明的是一个项目在其他方面不管如何出色，但如果交流匮乏就会降低整个项目组的效率并削弱最终效果。

这家公司属于《财富》500强企业，立足于消费品行业。我曾经为该公司的日本分公司做咨询工作。当时，它在日本市场的份额日益萎缩，而原因被认为是该行业市场上愈演愈烈的低成本竞争。我们把关键问题明确为：为什么公司会丧失市场份额？在这个基础上，我们决定把重点放在议题树的成本部分。它的成本由两部分组成：内部成本（发生在生产国的成本）和跨国成本（包括物流成本和其他与运输相关的成本）。在明确分析重点后，我们将团队分成三组：

- 第一组关注日本国内的成本控制（基本上就是产品进口到日本后的分销成本）。
- 第二组研究在中国和泰国制造的产品的成本结构（也就是我所在的那组）。
- 第三组分析在澳大利亚制造的产品的成本结构。

在早期的执行阶段，项目组使用了后面各章所讨论的 FOCUS 模型中的工具：

- 界定问题。
- 形成完整的议题树。
- 与行业中的对手进行横向比较（结果发现竞争对手采用代工方式——先在美国制造，然后出口到日本）。

第二组和第三组在中国、泰国和澳大利亚进行了广泛的访谈，并收集了标杆数据。借助于这两个组的努力，我们确信找到了核心问题。根据我们的分析，如果把产品组合从澳大利亚转移到泰国，那么完全有可能实现成本的降低。

虽然在中国制造也具有一定的成本优势，但由于当地市场发展迅猛，所以从长远来看，从中国出口到日本是不可行的。在此期间，第一组重点研究了日本的成本结构。尽管三个小组定期召开电话会议，但第一组在研究进度以及对日本当地成本结构的分析方面都远远落后于计划。

研究国内成本的那个小组最终完成了分析，最后还建立了决策模型。之后，我们建议将部分产品的生产从澳大利亚转移到泰国，目的是降低日本的到岸成本并提高利润及市场份额。但当第一组最终完成分析后，公司面临的真正问题才显示出来，他们发现在日本的销售、综合开销及行政管理费用（SG&A）相当高，原因在于该公司的管理团队中竟然没有一个日本人，公司的管理全都由美国人负责，一些外派人员的年薪甚至高达百万美元，发现这一点既有利于降低日常的各种费用，又有利于减少跨国成本。

第一组的失败在于分析缺乏效率以及沟通的匮乏。第二组和第三组有效地利用了二八法则，而第一组则过度关注细节，好高骛远。另外，各组间也存在沟通差距，对实际问题的分析和沟通延误导致项目分析缺乏效率，而返工又会导致整个项目的延迟。因此，由于没有进行有效的沟通，即使实施了部分 FOCUS 工具，但整个项目并没有取得全面成功。

实战故事二：团队过多的问题

这个例子出自另一家大咨询公司的一名咨询顾问，反映了沟通不足的风险，尤其是在处理诸如资源分配、时差等问题时。

我参与了迪拜的一个大项目，该项目有好几个顾问小组——最多时达到七个组，且跨越多个时区。事实上，仅仅不足 20% 的参与者来自同一时区。此外，因小组成员和有关各方领导经常更换，使项目管理变得非常复杂。

一些小组成员归纳了最佳实践（best practice），并与其他部门共享。例如，每当与客户会面或进行了团队会议后，我们会立即着手整理主要收获，并即时与每位团队成员进行分享。这对于保持沟通中百分之百的透明度至关重要，因为任何不透明对团队士气都会产生消极影响，而且也会因理念不同而导致重大延误。我们还发现，团队越大、越虚拟化，越需要鼓励开展团队导向的、全员参与的、积极但非正式的频繁沟通。

实战故事三：利益相关者

我的一位同事认为，沟通是麦肯锡所参与的北美一家大型公司从低成本国家采购汽车零部件项目取得成功的关键因素。

该项目的背景是这样的：客户已花了两年时间试图在低成本国家建立采购网络，并已取得一些成效，但并没有达到预期的采购规模。经查，导致目标未实现的可能原因是：

- 让人有责任心很难。
- 要在整个组织内进行有效沟通很难（包括职能部门间以及各地间的沟通）。
- 需要来自高层的强制命令。

- 供应渠道有限。
- 分析能力低。

我所在的项目组有10名成员，都是临时参与的，项目的完成期限是三个月。在我们提供的行动方案中，优先考虑到了困难，设计了监控进度并辨识机会的机制，而且也获得客户的认可。另外两个主要的交付件是强大的储蓄数据库和全面采购的工具包。使该项目得以成功沟通的主要因素可归纳如下：

- 周密计划
  - 每次会议前应提供要讨论的议题，并让主要利益相关者参与其中。这样，从问题解决和时间节省的角度来说，会议就会更有效。决策性会议即使不能全部以事实为依据，也要最大限度地依据事实。
  - 组织就是进行沟通准备，能让与会者清楚主题并就相关问题做好准备。
- 明确沟通
  - 直接对话，积极倾听，确保讨论合理自然地从

“非对即错”转向“肯定的回答”或“如何得到肯定的答案”。

- 频繁沟通
  - 要定期举行会议并提高整体沟通水平；要使组织各方的信息不断得到更新（特别是对那些来自加拿大和中国的远程团队）。

如果经常能与来自公司各层级的参与者会面，那么项目组织者的知名度便可以提高，而且还能反映企业高层对项目的支持，同时也能节约大家的时间。

我们强调让供应商满意本身就体现了TEAM-FOCUS模型的原则，尤其反映了通过培养外部关系来获得内部认可的重要性，其中的一些主要收获如下：

- 通过针对听众的讲解和对采取行动的激励，使供应商了解方案的好处。
- 公司高管的演讲不仅可以通过展示诚意和认真的态度来提升演讲本身，而且有助于建立项目的内部组织，促使公司内部的各责任方实现对外的承诺（本质上就是在公司内部营造紧迫感和责任感）。

商学院案例：如何获得支持

这一例子来自哥伦比亚商学院。罗布·托蒂描述了一个需要进行大量沟通、倾听和人事分离的案例。

我曾有幸在哥伦比亚商学院的研究生会任主席。在任期间，我记得有个涉及重组的项目。该项目看似注定要失败，但由于使用了本章所介绍的一些工具而最终成功。该研究生会的领导层由 12 人组成，我负责该团队的全面管理。该研究生会担负多元业务，负责所有大大小小的事务，几乎涉及与学生有关的一切，包括学术、融资、社会服务、IT、俱乐部、就业，等等。董事会还下设几个层级的机构，如学生议会、委员会和其他团体等。我当时以为该研究生会肯定存在工作重叠、各部门缺乏协调的情况（特别是班委会）。

正如在“人事分离”这一执行规则所介绍的那样，我向董事会提了建议，不过并没有拘泥于建议本身，而是通过深入讨论，我们共同提出了一份切实的计划。

不过，在与班委会进行沟通时出了问题，因为按照建议班委会的变动最大。当我们把想法公布于众时，班委会立即对该建议表示反对，而不是努力打破框框从而使团队工作变得更加顺畅。我们的错误在于没有让他们及早参与讨论，否则形势不会变得如此敌对。

后来，我们让大家一起参与讨论。虽然有些人一开始态度并不好，而我们也不需要他们专门的批准，但我们的确需要他们的认可来落实我们的想法。我们讨论了所要采用的开展分析、制订计划以及完善现有架构的方法。在此过程中，我让所有参与者先发泄自己的情绪，之后再让大家关注实施内容而不是情绪。结果真令人惊奇！大家不再各行其是，不再带有个人成见。大家不仅转换了基调，而且最终达成了一个都认可的计划。

在推广新计划时，我们同样遇到了来自学生团体的问题（确实面临很多阻力，如人们不愿接受变化）。不过，我们有了经验并做好了充分的准备。的确，就计划与选民沟通使我们获得了支持。当然，我也吸取了一些教训：要让计划得以实施，那么在变化的过程中，必须做好相关的沟通、倾听、人事分离以及获得认可的工作。

案例研究

正如我在前面所说，每章的最后都会和大家分享我的经验，用现实的 MBA 咨询项目来说明 TEAM-FOCUS 模型的实施。这里将详细阐述我所在团队在交流方面的实践以及一些重要心得。

实践

为了在项目组内建立坚实的沟通基础，我们首先做的是制定团队宪章以及与弗里嘉博士合作撰写项目执行备忘录（见本章结尾）。虽然团队宪章中的联系信息无疑是非常重要的，但这些文件的真正价值在于确保大家在项目预期、潜在问题、目标和范围等方面形成共识。

就沟通频率而言，我们每周开会以更新彼此所知的信息，并明确项目的方向和细节。在其他时间里，如果有必要，我们偶尔会用电子邮件进行联系。这种沟通模式偏离了严格意义上的 TEAM-FOCUS 模型，毕竟我们并没有进行持续的沟通。

不过，值得注意的是，我们是经慎重考虑才决定采取这种较低沟通频率的，当然也取决于该项目另一独特的性质：每一组成部分都是“相互独立，完全穷尽”（MECE）的（这一概念将在第5章中进行深入阐述），所以我们的工作很少重叠。说得更通俗一点，我们分组工作、逐一攻克。我们每个人都有自己（最终）界定明确的项目部分，而我们的研究也相对独立于项目其他部分。对于项目的大部分内容我们无须经常联系，因此不用每天进行无谓的更新，也不用每天发送索然无味的电子邮件。不过，在项目快收尾时，我们会把各自的研究整合在一起，并把重点放在集体成果而非个人工作上。此时，作为团队，我们的沟通会更频繁些。

就团队的沟通风格而言，我们都有意识地努力做到人事分离，这也是弗里嘉博士关于团队工作最重要的一条原则。其实，他的这条原则已经深入人心。人事分离与两种能力休戚相关。首先，我们都会努力不太在意自己的想法，而这又会让我们大胆地发表意见，而且不会掺杂太多的个人情感因素。其次，我们都会尊重其他团队成员以及他们的建议，我们的讨论和批评都集中于观点的优点与不足，而不会针对人。这种基于问题本身的自由讨论使我们能进行真正意义上的辩论，而不用过于担心得罪团队中的某位成员。

心得

为项目量身定制沟通风格和沟通频率是非常重要的。不过，标准化的沟通风格不一定适合每一个项目。例如，因为我们的任务相互独立，所以，虽然我们经常交流，但在每周的大部分时间里都要独立工作。在我参加的其他项目里，普遍存在任务交叉的问题，因此有必要进行更为频繁的沟通。

更为频繁的沟通看似常识，但在本项目中显得十分明显。当项目赞助商或合作伙伴（本案例中的弗里嘉博士）在场时，团队成员总会做更充分的准备，从而完成更多的任务。我们发现，当只有我们五个人开会时，我们会给自己更多的回旋余地，也更容易转移注意力。

第二点也很相似。我了解到，当赞助商或合作伙伴积极参与团队宪章和指导方针的制定时，团队成员就更容易把重点放在实质问题上，而非个人攻击上。因为弗里嘉博士坚持人事分离，并明确希望该项目如何运行，因此我们很容易达成一致的意见，并把他的项目价值观内化为我们自己的价值观。

交付件

团队名称	CG2020（森特格罗夫2020）
客户名称	白河居民联合会与约翰逊县委员及县议会议员
项目说明	调查美国印第安纳州约翰逊县白河镇的合并计划
潜在问题	• 缺乏相关数据 • 公众对计划的抵触
成功目标	• 提供能获得公众理解并有数据支持的明确建议 • 提供供县领导决策用的文件
指导原则	• 运用TEAM-FOCUS模型下的分析工具 • 确保所有工作都有影响力

联系信息				
姓　名	职　位	电子邮件	办公室电话	手机号码
保罗 · 弗里嘉博士	项目总监			
克里斯 · 坎农	项目经理			
艾伦 · 伯利森	MBA顾问			
蒂姆 · 克日维茨基	MBA顾问			
沙丽妮 · 玛卡	MBA顾问			
舒柏瓦 · 沙阿	MBA顾问			
瑞其塔 · 森德	MBA顾问			

图 1-1　交流：团队宪章

CG2020-协议书

尊敬的道赛特先生：

我很高兴提出以下有关白河居民联合会（和约翰逊县政府）提议的公益性项目计划。这里，我将阐明该项目的范围、时间和所采用的方法。竭诚欢迎你们参与并提出建议。

我们了解到约翰逊县的白河镇目前仍未合并，而县领导在采取何种合适的行动方针上仍未达成共识。我们认为约翰逊县有三种可行的选择：把白河镇作为一个独立的城市；兼并周边的城镇或城市，如巴格维利或格林伍德；或不作为。

该项目团队由凯利商学院的五位MBA组成，他们将在我的监督下开展工作（为方便阁下，附上我的简历）。我们的目标是给约翰逊县提供一个独立的视角以便做出选择。在寻求该地区是否应该合并的答案的过程中，我们将会收集并分析客户资料和第三方资料，包括但不限于以下内容：

- 采访约翰逊县的主要人员（白河居民联合会成员、县专员、市长等）
- 回顾该项目先前所做的分析和文章
- 对于类似的合并进行可能的比较（印第安纳州内或州外）

我们计划在2007年1月启动该项目（虽然我们可能在12月召开一些内部会议），希望在期末（2007年5月）递交我们的报告。我们的最终成果将包括以下内容：

- 收益
- 基础设施——道路、服务、铁路、经济发展
- 特征——发展、控制
- 费用（包括一次性的和持续性的）
  - ★ 行政
  - ★ 法律
  - ★ 实体
- 建议和风险/警告

如果我的团队能真正影响到该项目并帮助约翰逊县领导规划该地区未来的发展，我们将深感荣幸。期待与您的合作并欢迎您的加入。

顾问	客户
保罗·弗里嘉博士	名称：__________
项目协调员	职位：__________
2006年11月20日	日期：__________

图1-2　交流：项目执行书

· 第 2 章 ·

评　价

Interpersonal 人际要素	Analytical 分析要素
Talk 交流	Frame 界定
Evaluate 评价	Organize 分工
Assist 协助	Collect 收集
Motivate 激励	Understand 解读
	Synthesize 提炼

概 念

一旦项目小组成立且沟通规则明确，那么人际要素就开始发挥作用了。在本章中，我们首先假设每位读者都希望能在个人素质及专业能力方面有所提高。虽然我们无法完全借助个人力量提高很多，但团队合作为我们提供了实现个人成长的绝佳机会。

评价是影响团队成员成长的关键因素。正如人人都希望成长一样，我们也都知道成长过程有时是很艰难的（所谓“一分耕耘，一分收获”）。在过去的二十多年里，我经历过的团队有250多个，每个团队的成长历程并不相同。影响团队成长的关键要素之一就是，围绕明确的目标对团队及其成员进行评价。如果这些目标无法明确给出，那么就很难对成长进行评估。

评价所涉及的内容必须直截了当。事实上，通过回答下列核心问题可导出本章要阐述的原则：

- 团队成员的个人工作风格如何？
- 团队成员间如何相处？

- 团队成员各自的职责如何？
- 团队成员各自如何行事？

这些听起来不陌生吧？我想应当不陌生。在麦肯锡及其他顶级咨询公司的培训中，最有价值的东西应当是进行评价的方法。假设你在某天得到了适当的评价，且反馈较为温和，这样的反馈就是一件“礼物”（许多咨询公司经常使用这种说法，特别是在德勤），说明你已经修成正果了。不过，太多的评价会对个人造成不良的影响，即便他们具有完善的成长规划。因此，与打击信心的批评相反，如何进行富有建设性的反馈的确是门艺术，它会不断激励并鞭策其他成员。

在团队内，良好的评价体系离不开三个关键的成功因素（需要注意的是，虽然团队评价体系与企业评价体系类似，但这里讨论的并不是企业评价体系）：

- 开诚布公：所有的团队成员都必须乐意获得关于他们表现的反馈信息。
- 明晰性：评价总是有益的，但对评价意图和方法必须进行明晰的沟通，这样才会更有效。

- 一致性：在进行评价前（在取得任何反馈前），评价双方必须就评价的目的和评价方法达成一致。

执行规则

为了促进对项目组的良好评价，有三个关键的行动建议，这些建议将促进团队所有成员的成长。

规则一：讨论团队协作状态

良好的团队评价文化的建立首先来自对评价所采用的工具进行开放和自由的讨论，这是麦肯锡在团队项目实施中强烈推荐的步骤（事实上，这一步也是必不可少的）。对团队协作状态的讨论通常表现为启动时的沟通、期中的检查和事后的审查（当然，最后这一阶段有时表现为对个人的评价）。

对团队协作状态的讨论应该涵盖哪些基本的内容：每位团队成员的性格及工作喜好、如何处理分歧以及如何就项目进程进行沟通。其难点在于说服整个项目组这些内容是值得讨论的，因为我们都有在团队工作的丰富经验，所以往往会逃避这类讨论。但事实是，只有通过这样的讨论，才会形成一种更积极的工作氛围。

在培训课上，我们会通过让新组成的项目组参加生存演习来了解这一点。(例如，如果你被困在北极，那么对一组给定事项你会做出怎样的选择呢？) 随后，我们会花几分钟时间解释：对于一个团队，拥有一种开放的文化来讨论每个成员的个人风格、指导方针和团队目标是何等重要。接着，我们会选择同一批学生并把他们重新分组，同时提醒他们在解决问题前要迅速明确这些团队协作状态的细节（这一练习需耗时 15 分钟)。毫无疑问，重新分组后的团队效率更高，而且成员间相处得更融洽。

要记住的是，这些讨论不应过于正式或在气氛紧张的情况下进行，要顺其自然。这种明晰的讨论可控制个人在理解方面的差异，毕竟误解属于最常见的沟通障碍。正如本章的第一个实战故事所介绍的那样，最有效的沟通往往发生在放松的背景下，比如在进晚餐或喝茶时。

规则二：确定期望与监控完成情况

关于评价的第二条执行规则涉及更为正式的步骤：确定、记录期望，并跟踪完成情况。这些为什么是必要的呢？因为没有评估标准，也就谈不上结果。这同样适用于商业经营和团队工作。不过，这里更看重的是任务的完成，而不是对效果的定量分析。

在确定和监控期望时，最为常见的错误在于“说得多”“问得少”。我在普华永道与行政助理打交道时，就明白了其中的区别。面对完成任务的压力，包括我在内的一些人常常会以权威的口气讲话，倾向于快速安排任务，这样团队成员就会回到更“重要”的工作上。在专业领域，这样做的风险（包括在商学院与同事团队打交道时）在于“命令”的接受者也许并不会理解、认可或最终完成任务。

更好的办法是使大家有共同的期望。为了实现团队的目标并就工作流程达成共识，首先要确定哪些任务是重要的。人人都应该明白自己的任务会如何影响整个团队的成功。其次，团队应根据个人的经验、专长和兴趣来分配任务，让每个人为自己的那部分任务负责。之后，每个人都应当为具体的执行方案提供建议（包括形式和时间的选择）。任务和预期都应记录下来并加以跟踪，从而保证团队任务分配的透明度，也有助于保证能依据团队成员各自的角色来公平地分配任务。如果能遵循上述原则，那么不仅会使结果跟踪和计划修改变得更为轻松，而且还能激励团队成员，因为他们知道自己做了什么贡献，而且知道他人也在关注自己完成任务的情况。

规则三：明确个人发展目标并相应调整工作计划

最后一条执行规则要求每位团队成员都有清晰的个人成长目标。要注意的是，我并没有想当然地认为个人成长机会能激励项目组的每个成员。不过，我想大多数人都会努力寻求成长。按照这条规则，在参加某一团队项目并与其他成员分享主要发现时，每位成员都应对自己目前的优势和劣势做出客观的评价。

首先要做的是评价。每个人都有独特的优势和劣势，而团队环境既是利用我们的优势去协助他人的极好机会，也是通过与他人合作来弥补自己劣势的极好机会（当然，有时确实可以专注优势而忽视劣势）。不过，关键是要对自己有个公正的评价。但要这样做可能有些困难，因为我们往往会过于自负。记得在 20 世纪 70 年代有人做过一项里程碑式的研究，其中有 100 万名学生接受了调查，结果有 70% 的受访者认为自己的领导能力在平均水平之上。鉴于存在这种过于自负的倾向，做到客观评价的关键就在于那些提出你所信赖的观点的人，这些人都有得出合理结论的基础。

正如公司会把 SWOT 分析（S 表示优势、W 表示劣势、O 表示机会、T 表示威胁）作为制定经营策略的基础一样，你也可以在发展机遇方面与同事进行对比。

不过，关键是要找出新项目中个人的发展机遇所在。这里应考虑以下问题：

- 我是否乐意倾听？
- 我能否以友善的方式来阐明自己的观点？
- 我能做到人事分离吗？
- 我是否太过独立而不顾及整个团队？
- 我是否从未独立工作过？
- 在与他人交流时，我能否顾及他人的心情？
- 我能否始终信守承诺？
- 我的工作无可挑剔吗？

其次要学会分享。一旦找到既定项目中个人的重要发展机遇，就应与团队分享。当然，很多人都愿意只让自己知道，因为没有多少人愿意暴露自己的弱点。不过，信息分享对于我称之为谦逊要素的团队和谐有着至关重要的作用。

你是否与那些智商极高但缺乏团队意识的人合作过？根据我的发现，那些自以为完美无缺的成员往往是最难相处的。他们不仅不能正确对待负面反馈，而且会使对方始终觉得自己贡献有限。

你是否与那些深知自己的不足且不怕提及，同时能付出很多的人合作过？他们是不是更容易相处些？在我看来，他们展现了决定团队和谐的非常重要的因素——谦逊。的确，仅仅承认每个人的工作就会极大地影响团队合作。所以，我们建议在项目开始实施之前，每个人先进行自我评价，然后与他人分享自己的进步，同时要争取团队的帮助以使自己取得更大的进展。随后，每位成员要跟踪自己的进展情况，寻求投入并重新调整那些旨在实现预期目标的行动。

操作攻略

就 TEAM-FOCUS 模型中的评价要素而言，操作攻略包括：

- 攻略 6：明确团队成员及客户的个性类型。

- 攻略 7：在项目实施前，举行一个简短轻松的会议，交流一下各自的个性和工作方式偏好。在项目实施过程中，保持这样的交流。
- 攻略 8：了解自己的本性，同时在与不同性格类型的成员相处时保持良好的心态。
- 攻略 9：每位团队成员应明确并记录项目中自己的一两个主要发展目标。
- 攻略 10：公开讨论并协调成员间的个人发展目标。
- 攻略 11：制定处理分歧、给予和接收反馈的程序。
- 攻略 12：定期举行反馈会议以便安排改进所需的时间。

实战故事

实战故事一：如何简化跨文化项目的管理

第一个实战故事来自麦肯锡的前任副主管格罗斯。目前，格罗斯担任某投资银行的副总裁。格罗斯回顾了

第一条执行规则（讨论团队协作状态）的重要性。的确，该规则对他在芝加哥所从事的一个项目产生了影响。

我们负责的项目为期6～8周，是要为一家法国制药公司进行产品战略设计。因此，所有的执行方案都要用法语写就。该项目汇集了来自不同地区、拥有不同文化背景、操不同语言的各国顾问（这种现象在麦肯锡变得越来越普遍）。具体成员包括：

- 来自巴黎的基层项目经理（该经理来自法国南部农村）。
- 来自新泽西的助理（一位不会说法语的内科医生）。
- 来自西班牙、之前担任过投资银行家且精通法语的助理。
- 来自法国的合作伙伴（一位自然科学博士）。
- 来自新泽西的合作伙伴（一位不会讲法语的MBA）。

显然，在如此短的项目期内，要处理背景如此复杂的事宜确实会让我们忙得不可开交。但从第一天开始，事态的发展就很不错。我们在麦肯锡驻巴黎办事处见面，就项目的分工和方法进行了全面讨论。在办公室讨论完项目细节后，大家到位于香榭丽舍大街的一家小餐馆继续讨论团队的协作状态，如自我介绍、个人的工作风格、职业性格测试等。我知道这一过程对于确保团队成员融洽相处、互相学习以及任务的完成是十分重要的。在这个过程中，每个人都将起到关键性作用。因此，我们必须花一些时间了解彼此，了解每个人在项目中将要担当的角色，通过讨论团队的协作状态，简化跨文化项目的管理。

实战故事二：团队规模和分工的变更

第二个实战故事来自麦肯锡校友亚尼克 · 格雷考特。目前，亚尼克 · 格雷考特供职于比利时的德意志银行。他至今难忘评价在团队项目中的作用，对清晰交谈的重要性依然记忆犹新。

这个新项目来自某位客户。开始时，项目组仅由一名项目经理和一名助理组成。但两个月后，团队成员扩大到7人（一名项目经理和6名咨询顾问）。这里的复杂性在于项目开始时所做的评价计划是针对小型团队的。不过，随着团队规模和项目范围的扩大，我们并没有对计划进行必要的讨论和调整。的确，对于一个由6人组成的项目组及其经理来说，对计划进行评估显得更为重要。

我们决定返回到前一步，组织团队进行学习。如果这种学习是由团队以外的人所组织并讨论评价的三个要点，那么效果会更好。每个人都可以分享其对于小组工作状态的看法，并讨论如何学习、如何抓住发展机会以及如何更好地了解彼此。在对一些关键点进行讨论后，项目组的工作效率就会更高。具体地说，由于项目执行经理和一名初级助理共用一个办公室，所以该助理相比其他成员有更多的机会接触经理，这样就会引起别人的妒忌。此外，因为客户已习惯于与特定顾问合作，一些决策就取决于客户。这样，一些工作小组的决策往往不为大家所了解。借助于开放式讨论，我们解决了这些问题及其他方面的误解。

实战故事三：有不足才会有进步

第三则实战故事清晰地阐明了承认发展机遇将使咨询工作变得更加容易。现任瑞士联合银行（UBS）新加坡分行副主任的维多利亚·利姆回忆了她在麦肯锡做第一个项目时是如何花时间与他人沟通其个人学习目标的。

我记得在麦肯锡所做的第一个项目。当时，我的个人目标之一是能够更熟练地使用 Excel。作为项目团队的一分子，项目执行经理让我对客户端数据进行各种分析，以便项目组更好地了解客户的动态。这些数据不仅量大，而且涉及各个部门、各种产品和不同的年份。因为我不擅长 Excel，因此大部分计算都是靠手工完成的，因此数据稍有改动就意味着许多额外的工作量。上司无法理解我为什么要花这么长的时间才能完成改动，而我也不知道如何才能达到他的要求。最后，一位同事看了我用 Excel 所制作的糟糕表格，就立即坐下来教了我两个小时，要知道当时可是凌晨三点。自那以后，我明白了早点讨论学习目标的好处，知道了在投入精力前先寻求帮助的好处，也懂得了如何满足他人的预期。这一切既帮助了我个人的发展，也促进了团队的成功。

商学院案例一：团队协作状态和信息反馈的重要性

克利福·丹克是美国加州大学伯克利分校哈斯商学院MBA联合会主席。他指出花些时间用于了解彼此是团队合作愉快并取得成功的基础。他还解释了该联合会委员会的演变过程，即从开始时由不同个体组成的团体，慢慢地走向极端、陷入团队迷失，到最终找到了令人满意的折中方案的过程。

作为MBA联合会主席，我率领的团队由12位有着不同背景的副主席组成，大家的年龄、籍贯、文化都各不相同。当然，各自发挥的作用也不同，每个人处理不同于他人的事情，如学术、多元化、社团关系等。起初，我认为要形成一个充满凝聚力的运作团队是非常困难的。不过，我仍致力于寻找建立真正意义上团队的方法，而不仅仅是流于形式。起初，我们太过强调这一点了，总是专注于要以团队为导向——刻意追求在每个问题上都达成一致，结果使团队迷失了方向。不过，随着角色定位的成熟和自信心的增加，我们意识到每个人带给团队的真正价值在于自己独特的观点。通过一学期的磨合，团队运作变得非常流畅，在团队内各自都能自由表达思想，同时尊重并信赖各自的独立决策，不再吹毛求疵。

为了明确团队的宗旨、目标和协作状态，新学期我们召开了总结会议，统一了目标并讨论了在学生会中我们该代表什么样的团体。对具体目标我们并没有做过多的讨论，因为大部分的工作已经完成或由各部门分别完成。因为目标明确，所以每个人的目标都能对集体使命的完成做出贡献。为了形成积极的团队精神，我会用即兴的笑话作开场白，方便大家了解不同个性的成员。结果，这一方法很有效，所有的参与者似乎都摆脱了约束，显得很放松。在这次总结会议上，我们完全可以通过轻松的方式回答各种类型的提问，而不必采用标准的职业性格测试。事实上，彼此都可以提出有趣的问题，如你最大的希望和最大的恐惧是什么？

我们的团队坚持以反馈为导向，这也是学校以反馈为重点的自然结果。例如，担任助教工作时，我就要求全班一起提供富有建设意义的反馈，以此来打造进行有效沟通的基础。我想这应该是每个项目的重要组成部分，因为这毕竟是我们所学的应用最广的知识：在强调反馈的环境里，如果你不能与同事和上级进行有效的沟通，那么就不可能成为一名卓有成效的领导者。共事三个月后，我让团队的每位成员填了一份反馈表，以便收集大家的反馈意见。尽管这项工作有点乏味，因为每人要填12份评价表，但到那天结束时，大家都觉得很有用处。为了收集学生会的反馈意见，我给商学院的每位学生都发了电子邮件。结果，480人中有95位给了回复。在重新审视团队宗旨和目标时，我们一直努力把这些反馈融入其中。

商学院案例二：文化差异的调和

下面这个案例来自密歇根大学的罗斯商学院。该商学院一位二年级的MBA学生指出了因团队成员间的文化差异而引起的工作和沟通风格方面的误解。通过公开讨论这些差异，团队就能够通过调整计划和确立基本原则极大地改善团队的协作状态。

我所在的团队负责分析营销策略并制订营销方案。团队的文化差异很大，成员分别来自俄罗斯、印度和美国。当然，这些文化差异必然会对我们的工作方式产生影响。对于文化差异的误解不时引起团队成员间的摩擦。最值得注意的是，那些直率的人更容易与沟通方式相对温和的人发生冲突。不过，使事情更为糟糕的是，我们中的大多数人天生就不属于愿意认真聆听的那种类型。

例如，我们总是在深夜把项目的一部分通过电子邮件传给教授。在晚上 11 点 59 分时发送电邮，不难理解当时的紧张气氛。出于礼貌，在给教授发送电子邮件时总要写上一些客套话。因此，不管时间多紧，我总要花时间写上一封客套的电子邮件。对此，其他几位团队成员则表示难以理解。

我们通过公开讨论来处理这些问题，决心通过对工作风格的讨论，制定出能够使文化差异得以调和的基本原则。大家共同参加管理团队方面的课程，所以更容易意识到我们之间所存在的明显的文化差异。大家先介绍各自的文化习俗，然后讨论该如何更好地进行合作和沟通。我们还具体决定给彼此更多的空间，并且要更多地依赖团队这个整体。尽管有一位成员始终未能成为同道之人，但团队毕竟还是真正凝聚在了一起。

案例研究

在计划要在案例研究中实施评价方法时，我们以为一定很简单。不过，我们想错了。由同事组成的团队会使角色分配和评价不时遇到困难。我们的解释如下。

实践

我们十分清楚慎重分配角色和责任的重要性，所以开始时就花了很多时间将项目划分为各个小项目（参见

第 6 章)。即使完成了最初的集思广益和组织架构，事情也并未了结，我们还需要不断地监控项目进程中的各个部分，还要进行重新评价、调整最初的组织架构。不过，一旦解决了关键部分，那么责任分配就会变得相对简单。我们根据各自的背景和兴趣来分配或选择各自的工作。例如，因为有从事法律工作的背景，所以我就自愿参加项目中涉及法律问题的并购部门。

一旦每个人都有了分配好的职责，大家就可以明确各自的目标并制订各自的工作计划。随后的整个星期我们就展开独立工作，到了每周的例会再共享各自的成果。工作的第一步是建立包含与议题有关的最重要信息的“专题资料库”。接着，就是与其他成员分享这些资料信息。这样做不仅有助于大家掌握各种选择，而且也有助于大家了解各自的工作在团队整体计划中的情况。

在整个项目的实施过程中，我们都遵循这样的进程，即在给团队提供作为反馈的结论前，我们先收集大量信息并形成自己的结论。因为对各自的任务具有高度的自主权，所以团队的时间安排变得尤为重要。整个星期，大家都在处理自己负责的工作，但这样做很可能失去对项目全局的把握。不过，通过关注可能的陷阱并在每周例会上更新信息，我们就能协调好个人目标与团队整体目标。

心得

在约翰逊县的项目中，团队整体的目标显然比个人目标更容易界定。不过，要实现这些远大目标往往更为艰难，远非把单个研究简单加总就能解决得了。对任何团队项目而言，个体部分很重要，往往有助于实现整体效益。然而，衡量成功的真正标准不在于是否每个部分都是优秀的，而在于整个项目的结果如何。

我还了解到，由同事构成的团队较难管理。不过，弗里嘉博士和坎农提出了解决办法，那就是强调角色明确且项目各部分都有专人负责。此外，我还懂得了那些能在任何时候推动事情向前发展的“过程导向”式人员的重要性。对此，下一章会有更多的阐述。

交付件

姓名	蒂姆
项目	森特格罗夫兼并研究
潜在优势与缺点	• 优势：较强的分析能力、扎实的法律知识和良好的职业道德素养 • 缺点：在团队中会有点害羞，因此在分享观点和讨论上会有些放不开，而且缺乏解决商业问题的信心
发展目标	• 沟通：决心走出自己的象牙塔，多交流 • 知识的应用：期望在实践中应用自己的法律知识 • 信心：希望增强对项目的信心并更加相信自己
结果	团队更融洽：因为我感觉在团队里很舒服，且更容易说出自己的想法，也愿意与其他人讨论他们的想法。我意识到，我确实有不少贡献，对自己的能力也更加自信

图 2-1　评价：个体计划

·第 3 章·

协 助

Interpersonal
人际要素

Talk 交流

Evaluate 评价

Assist 协助

Motivate 激励

Analytical
分析要素

Frame 界定

Organize 分工

Collect 收集

Understand 解读

Synthesize 提炼

概　念

项目一旦启动并开始运行，必须采取一些关键步骤以确保项目进展顺利。以航行为例，假设我要进行一次航海冒险，同伴包括我的妻子、你以及任何想带的一个人。我们要乘一种小型帆船。小时候，父亲和我们兄弟曾经在弗吉尼亚的湖泊、河流驾驶过这种船。在出发去航行前，我们得商量路线，还要商定各自所要负责的事情。的确，我们四个人必须各司其职，并在三个小时的旅程中互相帮助。梅雷迪思负责掌舵，我负责船帆。在剩下的两个人中，一个负责起锚抛锚，另一个则负责观察船向哪边倾斜、该如何增加重量。此外，如遇天气变化或风向突变，那么需要每个人都能给他人提供帮助，因此要做好随机应变（其实，发生一些小小的改变会使航行变得更有趣）。不管怎样，我们必须准备好协助他人。

经验和研究都表明，在有待团队协作解决的项目中，与能否提供充分协助有关的问题通常出现在三大领域。

- 角色混乱：最常见的问题是，团队组建后任务就被迅速分配，团队成员的个人能力和兴趣并没有得到充分考虑。这样，赶紧分配任务、开始工作就成了共同的心态。
- 缺乏反馈或反馈不到位：如果我们真的想得到发展和成长，那么必须获得反馈意见。然而问题是，我们实际上并不真心希望听到有关自己缺点的反馈意见（现在我们更愿意称之为“改善的机会”）。更糟糕的是，反馈的传递方式缺乏技巧或个人色彩过浓，从而让人难以接受。
- 过度关注自己的任务：为了使自身的利益最大化，我们都倾向于优先完成自己的任务。这样，大家往往不关心队友是否需要帮助。

执行规则

我提出了三条推动团队成员间相互协助的主要建

议，这种协助将促进所有团队成员的成长以及团队效率的提高。

规则一：充分利用专长

这条执行规则是以充分讨论优势和缺点为基础的，而且该讨论的重要性已在第 2 章中做了详细说明。毫无疑问，项目组应当利用好其成员固有的专长。不过出于某些原因，要做到这一点往往很难。通常，我们很少花时间去问问团队成员有什么优势，或者说更专注于人们想做什么而不是能做什么。因此，你必须或应当清楚团队成员的技能（他们做过什么）和意愿（他们想做什么），并就任务进行明确的沟通。从本质上讲，这方面的评价应该根据团队成员各自的教育程度、工作经验和个人能力来进行。

咨询公司的评价往往很讲究科学性，常常运用数据库来获得战略制定所需的知识等方面的资料。即使你所在的团队没有任何对知识结构的要求，仍然需要调查团队成员在技能和意愿方面的情况。

完成上述调查之后，项目组就应转入角色讨论。那么，该如何分配项目各个部分的职责呢？一般地，团队成员担负的角色（特别是在商学院）可归结为两类：流程类和内容类。流程类角色包括：

- 把握全局者——负责项目的整体运作和成果展示。
- 计划监督者——跟踪计划的时间进度和完成动态。
- 沟通者——负责与客户的联系。
- 吹毛求疵者——确保各种意见都得到考虑。
- 情绪试探者——不断检查团队的士气。

内容类角色包括：

- 职能专家——负责策略、营销、财务、运营等职能。
- 关系大师——负责与外部机构的联系。
- 经验之谈——过去从事过类似项目的成员。

要记住的是，项目组里有可能缺乏能承担重大内容责任的成员。这种情况在咨询公司不可能发生，但商学院的团队却有可能发生。如果出现这种情况，那么团队必须努力从外部寻求一些内容方面的专家。很多时候，当遇到这种情况时，团队成员会更多依靠资料调研而不是专家经验。我的建议是抛开实战性的调研计划，先向他人咨询所知的情况，然后再通过第三方资料调研来弥补不足。作为每个项目的必要内容，团队确实需要了解一些基本事实。这样，与专家的商讨才更为有效。最后要考虑的是，因项目组规模大小不等，一个人有可能需要扮演多个角色。不过，必须确保工作量分配得平均。

规则二：各司其职

在麦肯锡，对于项目组成员而言最重要的职责之一就是要为自己的工作负责，即从公司新聘的商业分析员到项目的最高管理者（见麦肯锡职业生涯图），不仅要了解项目的宏伟蓝图（包括使命和目标），也要知道自己该如何融入项目。每位成员不仅要清楚全局，而且要对自身被分配的任务负责。这是一个重要的理念，因为团队的每位成员都应该做一些有意义的工作以促进团队的整体成功（参见第 4 章）。权责明晰所带来的具有积极意义的另一个副产品是，团队成员彼此知道各自在做些什么、预期的结果是什么以及预计何时能完成。

该执行规则所隐含的另一重要原则就是，要强调项目期限的重要性。我会在第6章里阐述如何运用内容分工图和流程图来指导项目的进程。至于现在，我要谈一下重要期限的设置对完成项目的作用。事实上，项目期限是咨询工作的核心，也是工作目标之一。项目期限的设置能促进工作效率的提高，因为人们总是习惯于在有限的时间内做无限的事情，当我们把时间作为工作目标时，我们就可以更好地审视是否我们做的每一项工作都有价值，并对最终交付做出贡献。

麦肯锡职业生涯图

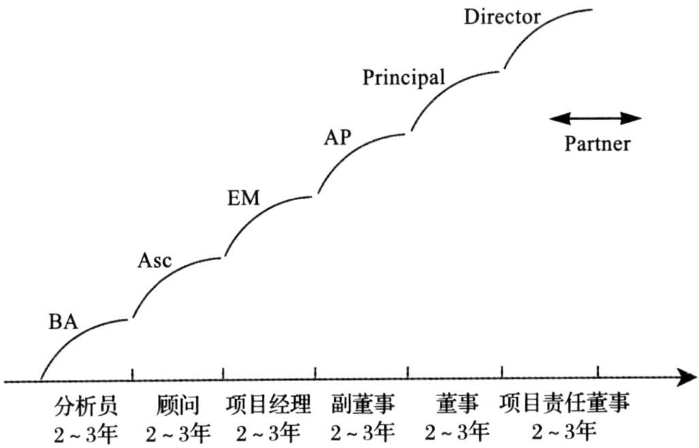

项目期限的设置也能促进团队成员之间的持续沟通，以便检查每位成员所承担工作的进展并确定该如何对计划进行整合。每项任务都是“个人”时间和“团队”时间的集合，因此项目期限的设定能确保我们有足够的团队时间来对“核心观点”进行多方面的思考。同样，借助于团队时间，我们可以得出合理的**假设**，可以检查目前的工作量和任务，从而确保分工的平衡，并保证每项工作对项目的整体推进产生作用。不过，这里也存在着细微的区别：由于不想过细地管理项目的整个进程，所以我们必须相信队友能完成好他们的任务。罗纳德 · 里根总挂在嘴边的那句俄罗斯谚语非常适合这种情况：“信任，但要确认。”

大胆假设，小心求证，麦肯锡认为解决问题的较高境界不是推理法，而是通过经验、判断先做假设，然后再用实事求是的方式证实或证伪假设。所谓的“first weekanswer”就是要求项目组在一周后先得出假设。

以下是关于让团队成员各司其职的最后一个想法。通常在项目实施之初，我们很少能明确关键问题、假设以及工作分组。事实上，本书第二部分的FOCUS模型就描述了这一过程所需要的反复和修改。考虑到这一点，我们就应该认识到，任务和工作量的调整是必然的；但由于某种原因，我所在的很多项目组都倾向于维持最初的想法。根据目前的任务完成情况以及最终成果的重要性来对任务进行微调，实质上也是我们协助队友、确保项目顺利进行的绝佳机会。

规则三：实时反馈

本章最后一条执行规则旨在处理反馈信息这一敏感问题。事实上，每个团队都会遇到问题、分歧，都有自己的**改进方向**，正如我们每天都经历着个人成长一样。最佳团队应鼓励建设性地及时处理反馈信息。上百本著作对此做了探讨，但我想从自己的经验和研究中提炼出那些看似肤浅但极其重要的概念。

"改进方向"这个词在麦肯锡经常被用到。每个人的项目评估、半年绩效考评上都有人帮你总结你的"改进方向"。项目过程中的反馈也往往提及，在麦肯锡，人们没有"缺憾"，只有"改进方向"。

有效反馈最重要的特点就在于及时性。这意味着我们必须在项目实施过程中提出和接收反馈，而不只是在事后。事后反馈，特别是行动后的反思，当然也是有益的，不过，更有意义的反馈信息来自项目实施过程。这使接收到反馈的成员在项目的过程中就有机会改进、提高，从而减少工作失误所产生的负面影响。

通常，**反馈**最好是在私下进行。不过，反馈有时也可能来自项目组的小组会议，尤其当这种会议由第三方促成时。但在大多数情况下，反馈信息最好私下提供，而且应采取建议而不是指责的方式。当然，措辞也是至关重要的。下面这个例子与普华永道一位负责公司重组的合伙人有关，它从反面说明了反馈方式的重要性。当时，我参与项目工作刚一周，看完我送上的计划，这位合伙人就当着办公室几位同事的面朝我大发雷霆。

麦肯锡有浓重的“反馈”（feedback）文化，甚至对于如何给予及接收反馈设计了系统的培训。对于项目经理及以上的咨询师，更是把他们的“反馈”技能作为考核标准之一，这种文化的根源在于两个基本理念：①员工到这里是为了进步和不断成长的；②反馈是培养人的有效工具。

因经历过约 10 分钟的这种“反馈”，我开始更多地关注反馈的方式而不是反馈本身。这位合伙人至少应及时把他的意见告诉我，让我加以改进，而不是等到项目结束后对我大声训斥。

反馈应包括哪些内容呢？首先，反馈应做到平衡，不能仅仅局限于团队成员的负面表现。通常，负面表现被委婉地称为改进方向。提供反馈时，要确保先对正面的贡献进行表扬，然后再提及改进机会。反馈应遵循以下几点建议：

- 反馈要做到有正有反，保持平衡。
- 反馈要具体，不要泛泛而谈。
- 要从具体个人的角度而非他人、大家的角度反映问题。
- 要用实例来说明因果关系和影响。
- 要以正面展望来结尾，同时要提供方向。

操作攻略

就 TEAM-FOCUS 模型中的协助要素而言，操作攻略包括：

- 攻略 13：先要用至少一个小时的时间进行集思广益，并就项目要解决的关键进行深入探讨（参见第 6 章）。
- 攻略 14：确保根据各子任务所需时间来平衡分配工作量。项目开始实施后，要定期检查进展情况，确保任务分配始终保持平衡。
- 攻略 15：确定并充分利用每位团队成员的专长（这既适用于公司也适用于客户）。
- 攻略 16：至少与项目组（和客户）举行一两次项目阶段汇报会（progress review），以审核结果、资料来源和工作分组。
- 攻略 17：每天提供并更新个人和项目的进展信息，以便及时评估调整工作量及任务的时机。

实战故事

实战故事一：协助

我的一位受访者认为，麦肯锡的组织架构和奖金激励措施为公司鼓励团队合作并消除关于个人激励的偏见提供了高见。

麦肯锡构建的内部奖励机制堪称关于协助要素的一个有趣例子。对于全球各地的任何合作伙伴，麦肯锡都支付同样的报酬。当然，麦肯锡顾问的薪酬也是全球统一的。有时，当来自收费较低的国家（如印度）的客户希望获得来自收费较高的国家（如美国）合作伙伴的专业服务和建议时，个人激励方面就会出现一些问题。

公司内部的一般哲学就是为每位客户提供最佳的服务（如专业知识），即使在收费方面有所损失。从本质上讲，美国的合作伙伴并不会吃亏。相反，公司承担了其中的损失，因为从长期来看，客户和公司所获得的好处要大于由于降低收费而发生的短期损失。此外，合作伙伴期望花一些时间来协助其他项目，不论客户需求来自哪里，即便是协助来自不同的地方、从事不同项目的同事，对公司整体总是有益的。在许多其他咨询公司，情况当然并非如此，那些公司秉承“胜者为王”的原则，这一点也是麦肯锡与其他咨询公司的差异所在。

实战故事二：确立严谨的财务模型

第二则实战故事来自第2章中提及的维多利亚 · 利姆。在这个案例里，通过经常性地咨询项目中几个重要工作小组的组长，维多利亚充分利用了他们的专长，这有助于确立严谨的财务模型。

我所做的是一个重大的改革项目，至少有五个项目小组在同时运作。似乎是老天安排的，我在财务小组（现在，我对Excel在各个项目里的应用已非常自信和熟练了），该小组需要考虑来自各工作组的具体方法和建议。为了弄清楚各项目小组的进度并在整体计划中进行正确反馈，充分利用其他同事的专长就变得十分关键。为了弄清楚队友们的最新进展并确保他们能够各司其职，我与他们时常保持沟通。随后，他们的职责要被转化为可量化的指标，以便在项目进程中加以评估。借助于这些指标，客户就能够取得综合财务模型中的预期财务目标。

实战故事三：反馈的正式化

下面这个颇有洞察力的故事来自现供职于法国巴黎的Apax私募股权投资集团的奥利弗·佩尔索纳。他的故事让我想起了麦肯锡所传授的关于如何提出和接收反馈的重要经验。

麦肯锡在确保任何项目的所有顾问都使用相同的语言和工具方面做得很优秀，因为它知道反馈的正式化有助于提升反馈效率。在解决问题的整个过程中，最重要的一个因素就是要系统地使用反馈信息。我记得在麦肯锡时就了解到语言是何等重要，尤其是在与他人沟通以获得改进机会时。例如，我们必须学会用自己的思维来组织反馈信息。在分享反馈时，我们应使用如下的措辞：“我注意到……对我的影响是……”停顿，“我的建议是……”获取反馈也同等重要，相关的小提示包括：认真聆听、请对方举例以保证理解了上下文、尽量不要有防御之心（千万别得出“我是坏人”的结论）。

提出和接收现场反馈也是麦肯锡文化的一部分，这种活动几乎天天都在进行。提出和接收正式反馈的情况一般发生在面对面讨论、团队学习会议以及项目完成后的电子问卷调查中。同样，这种反馈既具有高度结构化的流程，也构成对公司内部所有高层进行评价的一部分。我曾参加了一次介绍麦肯锡前任董事的会议。这位董事给人印象深刻，他在麦肯锡工作了 20 年，曾是麦肯锡全球的五位董事之一。当被问及离开麦肯锡做何感想时，他说他终于解脱了，终于不再是被不断审查和评价的焦点。虽然接收反馈是一个痛苦的过程，但我相信这个过程也让他成长了许多！

实战故事四：客户参与的有组织反馈机制

这一实战故事介绍了由一位富有创意的麦肯锡校友开发的极好的反馈协调系统。

我的工作是开发旨在提高团队工作效率的电子反馈系统。麦肯锡的咨询顾问都接受过互相有效提出和接受反馈的培训。不过，我发现客户对这种反馈常常不太满意。因此，我们需要其他分享评价的方法，尤其是针对客户未曾与麦肯锡有过合作的情况。我的工作就是开发一种能解决这种问题的方法论。结果，该方法论对来自亚洲及其他地区的不擅长在公共场合演讲的客户尤其具有价值。

该方法论的第一步所处理的是团队项目中的交流和评价要素，目的是使客户参与到有关团队协作状态的交流中。第二步就是通过网络来收集匿名的反馈。麦肯锡团队向客户及团队成员发送电子表格，询问一些常规性问题。(如：你有收获吗？你认为他人有助于你个人的发展吗？) 我发现这是一种打破僵局的好方法，不会像公开场合那样让人不安。之后，将意见进行汇总并计算平均统计数字（不过，个人反馈只提供给被评估者)。

在项目实施过程中，这些关于电子反馈的会议通常每周举行一次。麦肯锡的项目经理每周都会开会分析反馈并建立统计资料。通常，调查问卷会公开一些深层次的问题。这往往有助于我们迅速解决问题，而且也有助于个人及团队的进步。

接下来的一步是把调查结果提供给客户团队的经理。要注意，来自麦肯锡或客户的高管并没有参与这一环节，因为如果他们参与其他人就可能不敢直言。随后，项目经理会把报告在麦肯锡和客户团队内部进行传阅。这一环节通常在周四下午进行，周五上午则会专门举行会议来处理暴露出来的问题。每次举行会议时，我们总是以庆祝已取得成就的方式开场，然后再讨论改进的机会。这样做是为了找出许多人都普遍存在的问题，并拿出令人满意的解决方案。

每次实施时，该反馈系统的效果都非常好，不仅使项目组的表现呈指数级提高，而且也有助于客户进行公开的沟通。当然，推广这种开放的沟通模式确实花费了不少时间。在第一次会议上，我注意到很少有人愿意进行公开谈论。几周后，当客户看到麦肯锡反馈会议的效力时，也就逐渐敞开心扉。再经过三四周，客户团队一般已完全放开，甚至会期待这种团队会议。

虽然我有关该模式的经验都是非常积极的，但有些项目组的确遇到了一些问题。有时，这种信息反馈会议会成为批评或冒犯队友的一个平台。在某些情况下，主持人或负责冲突管理的经理必须进行干预。可以理解的是，在这些情况下客户并不喜欢有组织的反馈过程。解决办法就是团队成员在讨论问题时要放开，但同时必须尊重对方。如何提供建设性的反馈是需要学习和实践的。

商学院案例一：明确团队领袖

下面这一案例来自密歇根大学罗斯商学院的一位MBA学员，他介绍了由同事组成的团队在缺乏领导的情况下通常遇到的问题。

我曾参加了凯玛特和花旗银行的一个项目小组。正如顶级商学院所经常发生的那样，个性冲突和缺乏责任感会引起一些问题，如团队冲突、效率低下等。因为缺乏指定的团队领袖，所以我们在各个阶段都遇到了问题，包括项目界定、分工、任务委派等阶段。结果，我们就走了弯路。当然，最终我们认识到了问题，决定通过轮流执政来解决问题：每两周就任命一位新领导。通过这一改变，会议也变得更有成效。总之，在明确团队领袖后，团队走向了成功。

商学院案例二：如何平衡个人和团队职责

下面的案例来自得克萨斯大学奥斯汀分校的一位MBA学员，他描述了暑假在一家顶级咨询公司做助理时参加的一个项目。他的经历表明，角色定义和项目合作可以平衡个人和团队职责。

我曾在芝加哥一家大公司的团队工作过，这是我参加过的最好的团队，原因有两个：

- 权责明晰。所有的团队成员都了解自己的工作职责并拥有自己的工作链。通常，这种情况并不多见。在许多团队里，总是少数真正优秀的人员能完成任务，而一些人总会拖后腿。不过，在这个团队里，没有人会消极等待他人来告知自己该做什么，大家总是主动地完成自己分内之事。
- 协作。团队工作的动力在于相互间的合作而不是相互间的竞争。每当有团队成员遇到难题，其他人都会尽力帮助。所有团队成员都把其他成员的

> 问题当成自己的问题。我们的信条是“别让雄鹰单飞”。虽然团队里不乏个人能力极强的出色成员，但他们都能做到与其他成员密切合作，以实现团队最初设定的目标。

在分配具体职责时，项目执行经理（合作伙伴与合作伙伴的助理）发挥了积极作用。在项目开始实施前，他们会根据拟议好的时间表来解释项目中的所有工作职责，然后与每位团队成员谈论对他们的期望(这些会议通常非常简短，而且不涉及细节)。随后，团队成员会考虑各自的任务、设计各自的解决方案并制订各自的工作计划。之后，每位团队成员会与其他团队成员分享各自的方法和工作计划，以便每个人都了解他人在项目中的作用。这样做不仅有助于统一大家的步调，而且可以避免重复劳动。而这反过来也有助于避免工作出现遗漏。此外，因为我们知道其他团队成员的职责和面临的问题，所以我们也能帮助他们找到能提供协助的人（如那些曾经有过类似经历的人）。

案例研究

直截了当地说，如果没有本章所描述的种种协助，要按时完成项目几乎是不可能的。

实践

在项目实施的整个过程中，最明智的决策之一就是充分利用了各方面的资源。具体而言，我们请了 MBA 咨询协会的另一些学生来帮助我们开展研究。在项目实施一段时间后，我们意识到大量的研究工作对于五个人而言是难以完成的。于是，我们创造性地思考该如何让更多的人参与到项目中来。最后，我们决定借助现有项目来满足自己的需求。

在为期两周的学术强化训练过程中，所有的 MBA 学员都花了一周时间来了解现实中的咨询案例，从而获得相关的技能和经验。因为弗里嘉博士是项目负责人，所以本周他让我们关注约翰逊县项目。（该如何充分利用网络呢？）我们立即邀请 35 位 MBA 学员加入，帮助项目组进行本周的研究。事实证明这起到了非常好的作用。我们五个人各自领导包括其他五位成员的小组，在他们的帮助下完成了各自的目标。从技术上讲，我们被称为“领域专家”，而不是团队领袖（我们不希望团队中存在任何等级）。不过，我们最终都成为真正的领导者。一周后，我们五人再次聚在一起讨论所取得的巨大进步、结果以及对项目整体的影响。

我们真正擅长的另一个领域就是如何充分利用各自的专长。我立即想到的一个例子就是利用自身的法律经验为社区勾勒出满足其需要的法律选择。不过，财务状况评价是由另一个团队来完成的。因为这些领域是紧密联系的，所以对于与两个团队都相关的研究和信息，我们就互相帮助。无论是简单的问题（如费用估算），还是复杂的高端问题（如成本和服务间的取舍、长期目标的侧重点等），我们都会进行频繁的沟通。

心得

在完成约翰逊县项目期间，我亲身体会了充分发挥团队成员的才智、技能和兴趣的重要性。我相信，如果每个人所承担的工作与自己的才智、技能和兴趣相匹配，那么就会取得更好的结果。这样说的原因有两个：其一，拥有相关知识背景的人比那些从未接触过的人能更好地完成相应任务；其二，当一个人喜欢所从事的工作时，他就能更好地完成任务。能在所从事的领域中独占鳌头的一定是真正喜欢自己所从事工作的人。

我还学会了如何创造性地利用资源和获得他人的帮助。最值得注意的是，我以前从未想过利用整个咨询协会来帮助研究，但这的确非常有用。由于时间限制严格并且需要完成的工作量庞大，我们需要能得到的一切帮助。

交付件

表 3-1 协助：现状报告

负责人	工作职责	数据 / 研究	结 果	下一步骤
艾伦	服务	我主要负责有关消防、警力配备、水、废弃物等第三方统计数据	我的调研到目前都没有成效，我感觉自己花了很多精力但一无所获	这周我将与一位专家见面，希望他能给我指出正确的方向
舒柏瓦	道路	我主要负责报告、访谈和意见的调研	约翰逊县的道路跟不上地方之需，该地区的人们期望更多	我现在需要更多的统计数据，并要给糟糕的道路拍照
瑞其塔	政府 / 税收	我一直在比较非自治地区和自治地区的税率，并考察其影响	整合和兼并都将会增加税收，从而大大提高融资能力	我们应该提出有力的论据来说明增加税收带来的利益，因为公众会强烈抵制增加税赋
沙丽妮	宪章	最近，我负责明确该地区快速增长的影响	约翰逊县的经济增长率已接近失控状态，这会影响到道路、服务、学校等	我会调查整合和兼并对经济增长的影响
蒂姆	整合 / 兼并	我已经和专家讨论了整合问题，分析了我们那些计划的法律影响	我们最初假设的是进行兼并，但这并不是最好的选择	我把调研重点从兼并转向整合

·第 4 章·

激 励

Interpersonal 人际要素	Analytical 分析要素
Talk 交流	Frame 界定
Evaluate 评价	Organize 分工
Assist 协助	Collect 收集
Motivate 激励	Understand 解读
	Synthesize 提炼

概 念

回想一下你上次所从事的团队项目。如果把激励从1到10分为10个等级，1代表完全没有激励，10代表充分激励，那么你被激励的程度如何？你的队友呢？他们受激励的程度如何？我相信团队成员被激励的等级各不相同，激励动机也五花八门。事实上，绝大多数项目组的情况都是如此。显然，如果团队中有人缺乏动力（或者情况更为糟糕，该队员的积极性受挫），那么团队士气、成员的交流以及项目组的整体表现就会受到严重的损害。

为了增强激励以使团队成员投入更多的精力从而提高团队效率，我们该做些什么呢？关于这个问题，麦肯锡进行了反复讨论和大量的研究，所得的答案是“激励因人而异”。这一结论不难理解，但却很难实施。

对于被高度激励的项目人员而言，他们往往关注以下几种耳熟能详的激励因素：

- 金钱：以奖金或加薪形式出现的现金。

- 升迁：登上事业图腾的更高位置。
- 赏识：非金钱形式的褒奖、认可。
- 感激：简短的感谢语。

执行规则

团队主管的任务就是处理团队成员间的差异并确定他们受激励的根本动机。

规则一：确定个性化激励因素

首先要做的是对团队成员间的差异进行系统的分析。为了制定出能更好发挥特定激励作用的策略，有必要掌握那些导致个性差异的基本因素，但要做到这一点并不容易。幸运的是，行为学家对性格类型及可预见行为的解释已经取得了巨大的进展。自马斯洛需求层次理论（生理需求、安全需求、社交需求、尊重需求及自我实现需求）产生以来，我们很久没有什么进展。直到近些年，才有若干个性特征分析工具，大多数咨询公司和商学院也常常采用其中的一种或多种：

- MBTI 性格测试：迈尔斯 – 布里格斯类型指标。
- DISC 性格测试：主导、影响、稳定性与一致性。
- 五大人格特质分析：开放性、严谨性、外向性、亲和性与神经质。
- 优势识别器："现在，发现你的优势"。

这些指标都很有价值。不过，其重要性不在于选用哪一种，而在于如何使用这些指标。麦肯锡多采用 MBTI 性格测试指标。事实上，在我于 1996 年加入麦肯锡时，公司要求所有的顾问在承担首个项目前参加 MBTI 性格测试。随着项目的开始，所有成员都必须参加团队会议公开他们的 MBTI 类型、工作方式、个人喜好以及各自的小毛病。此类工具的广泛使用促进了团队成员彼此的了解，让他们知道该如何激励对方。通过性格测试发现，人的性格会随着时间而发生改变，而情绪的波动也会对个人产生影响。

例如，MBTI 性格测试或其他性格评估中经常出现的几种关键性格类型是：

- 外向型：性格偏外向还是偏内向？
- 理性型：是更善于归纳（从数据到理论），还是更善于演绎（从理论到数据）？
- 果断型：做决定是迅速还是缓慢？
- 人际互动型：对团队成员的敏感程度如何？

在了解了性格类型后，下一步就是要为成功的互动确定某种恰当的激励模式。当然，这里不可能像其他书那样涉及所有影响策略的细节，而是将重点放在与团队解决问题相关的那些关键影响技巧上。

其中，最常见的影响技巧就是“级别”，即利用组织内的某个正式头衔或地位。事实上，现在正式级别也仅在战争期间的军事组织中奏效。

为了真正激励他人，你需要获得更多的支持来提升影响力。社交是增加影响力的方式之一。不过，这种方式取决于你与团队成员的个人联系。如果建立了友好关系，那么团队成员会因为喜欢与你交流而受到激励，从而去完成某事。

最后，我们发现示范（role modeling）应该是最有效的激励工具之一。如果你想鼓励某种行为（在队友中、同学间甚至家庭成员或配偶间），那么有效的手段就是亲自示范。与此相关的为人准则是：己所不欲，勿施于人。最能说明该准则的例子就是，要为队友完成项目提供真诚的帮助和积极的支持。对于特定的任务，不仅需要行动上的鼓励，而且要营造一种有益于整个团队的良好氛围。

在确立了每位团队成员的性格类型及相应的沟通策略之后，最后一步就是制定独特的激励机制。这方面的最佳策略之一就是，将重点放在对团队整体成果的最终奖励上。的确，对给顾客或你所属机构带来的好处进行清楚的阐述是很有用的。对应的策略包括直接讨论可能实现的个人和专业成果，如赞美、提升，甚至金钱奖励等。

作为附加策略，竞争理念的融合也有助于所有团队的互动。当然，这里并非指那些让胜者取得大量奖励而败者蒙受羞辱的激烈竞争，而是指要让大家有敢于与团队中其他成员比较工作表现的精神。下面这个例子很有趣：我的一位好朋友在印第安纳波利斯拥有一家高级牛排餐厅，他声称服务员之间的竞争似乎使他们始终干劲十足。他将餐厅的营业总额、酒水销量等业绩数据公之于众，然后让服务生以友好的方式进行竞争。结果，经营成效显著，服务质量无可挑剔。

规则二：积极正面影响团队成员

这条执行规则建立在第 3 章所做讨论的基础上。在我看来，没有什么比对个人成就给予积极评价更具激励作用了。戴尔 · 卡内基一针见血地指出：赢得朋友并能影响他人的秘诀在于关注对方并时刻给予他们真诚的赞美。事实上，当我把这种理念传授给学生时，用了一个小模型来引导他们开展积极的互动。在此介绍 5P 原则：

- 认真准备（prepare）：观察身边之人的积极行为并了解他们的背景。
- 他人为重（put others first）：这是生活中需遵循的普遍法则。
- 真诚赞美（praise sincerely）：与他人分享你的发现，但切忌过分与虚伪。
- 勿施压于人（pressure no one）：互动时，避免谈及令人尴尬的话题和靠得太近。
- 提供帮助（provide value）：为了强化你的成果，还要设法长期提供帮助（我最喜欢的方式就是给他们寄一些他们感兴趣的读物）。

要定期对团队成员进行积极的影响。这一点很重要，对那些级别比你低的队员而言尤其如此。不过，要控制好这种影响的程度。在《麦肯锡意识》一书中，我们称之为"BS因素"，即当反馈太多而无法消化时所出现的反馈收益递减点。如果过头了，人们就不再相信你的赞美是真诚的。确保真诚性的办法就是将反馈重点放到你切实观察到的内容上，尤其是放到那些在实现队员自身发展目标时所取得的进步上（参见第 2 章）。

有人认为，人们必须费力才能找到一些对队友的积极评价。我认为他们应该打破这种观念。在谈及他人时，总能找到一些积极的评价，只要多做些观察即可。最近，针对我的导师及好友弗莱博士发起的“创新型高管 / 教授”项目，我在母校圣弗朗西斯大学发表了演讲，阐述了乐观对团队成功的重要性。如果某个人说很难找到积极的话题，那这可能是由于他沉溺于某些消极的事情而难以自拔。要使团队和谐，关键是要找出并宣传那些积极的内容。只要这样做，那么激励程度就会迅速得到提升，你和对方都会更受激励。

规则三：庆祝成就

对于“庆祝成就”这条执行规则，麦肯锡和大多数咨询公司至今都未能有效构建。许多项目团队的准则是努力工作，整个项目过程都保持冲刺状态，直到给出最好的结论。不过，这样一来，当项目结束、进行团队聚餐时，每个人都已精疲力竭。之后，又得投入到下一项目。真是莫大的讽刺!

虽然庆祝的好处众所周知，但人们常常忘记这样做。充沛的精力会源源不断地带来力量。庆祝往往是关注项目积极成果的好机会，如对顾客的影响、个人目标的实现和共同取得的成果。项目完成后举办此类庆祝活动应该成为一项标准操作程序。麦肯锡在支持这些活动时通常都是很慷慨的。举办过无数次此类的庆祝活动，而且远比你所想象的要盛大得多。我记得项目结束后的庆祝活动常常包括豪华轿车接送、高尔夫、参加盛宴、去亚利桑那度假、温泉理疗等活动。

关于项目结束后如何成功举办庆祝活动，需要考虑一些关键成功因素。首先，项目组的全体成员都必须参与其中，从行政助理到项目组领导。我见过有些盛大的庆祝活动还会邀请客户参加。其次，庆祝活动的场所必须有所区别——标准化的晚宴场合并不合适。如果要举行晚宴，那么所选取的场所必须既有情趣又令人喜欢。在参加庆祝活动时，我最喜欢带学生去的地方就是迪士尼的体育主题连锁餐厅。在那儿我们可以尽情吃喝，玩各种体育游戏。谈到游戏，保龄球场应该是很有趣的团体庆祝场所。当然，在那儿你们还可以进行一场友谊比赛。最后，在对项目进行积极评价时，一般来说要避免使用专业术语，因为，这毕竟是相互建立联系、尽情开心、了解彼此的非正式场合。当然，我们有其他的机会来对项目进行反思和学习，但绝不是在庆祝活动期间。

总的来说，不应低估现今和未来项目中那些令人愉悦的传统庆祝活动的重要性。随着年龄的增长，我们中的很多人都逐渐忘记了这一真理。

操作攻略

就 TEAM-FOCUS 模型中的激励要素而言，操作攻略包括：

- 攻略 18：明确激励每位成员的主要因素和次要因素并加以讨论。这也是团队成员的动力来源。

- 攻略19：表扬和庆祝团队取得的每次成就；每天都鼓励团队成员之间的互相表扬。
- 攻略20：项目完成后，举行一次盛大聚会。

实战故事

实战故事一：个人责任和指导有助于年轻人的成长

这一实战故事来自麦肯锡校友弗洛里安·佩弗教授。目前，佩弗博士任职于巴特霍姆堡大学。据他回忆，开展项目咨询时，团队成员的所有权和自治权对激励有着十分重要的作用。

激励是项目成功的关键要素，对刚加入项目组的年轻人来说，尤为重要。我曾负责一个移动运营商的项目，几周后，合伙人和主管对一位年轻助理的工作表现不太满意。

对于其中的根本原因，我们产生了较大的分歧。一些人认为他的基本能力不够，另一些人则认为根本不是他个人的原因。他的工作是帮助其他助理制订工作计划，但他自己并没有得到任何支持。于是，我们决定把一份完整的工作计划交给他做，同时让他肩负了一定的责任，并指定项目经理直接担任他的教练。

结果非常好，这位新助理出色地完成了他的工作计划。导致这种改变的原因有两个，其中之一在于激励：他能更好地明确自己的责任，可以灵活设计和安排自己的工作，而不是根据别人的指令来提供支持。对大多数助理来说，拥有自己的工作计划往往是一种重要的激励因素。

另一成功动因在于训练任务的明确。之前有三位不同的高级助理给他提供过一些指导，但他并没有获得很多经验。当指定由项目经理直接负责指导这位年轻助理时，他就无法推诿责任。这样，项目经理就只好花时间来帮助、训练这位年轻人。毫无疑问，这种对个人的关注迅速取得了成效，这位助理的表现有了很大改观。

实战故事二：客户激励和“速赢”策略

以下实战故事取自经验丰富的佩德罗·拉莫斯。他曾在麦肯锡和波士顿咨询集团工作，后来从事私人股权投资，最后在纽约从事对冲基金投资。

我记得有一个项目，目的是提高伦敦某大型医院的效率。促使该项目取得成功的关键因素有两个。一是团队成员要渴望成功，既包括麦肯锡团队，也包括客户团队。医院方面的团队拥有很多知名专家，包括主治医师、副主治医师和护士长。这些人在医院中身居要职，对于项目充满了兴致并且积极参与。医院越来越像一个政治场所，不同的群体钩心斗角（如医生、护士、诊断师、行政人员等）。让每个人都满意是非常困难的，因此从诸多群体中选出领导者是非常必要的。给项目中每个人提供发挥能力以及认识到自己对于项目的贡献的机会也是非常重要的。

另一关键因素在于我们的“速赢”策略。麦肯锡首先处理的都是那些容易解决的问题，即开始时项目组并不关注那些耗时很长的任务，而是关注在几周之内就能实现的任务。因为行动迅速而且效果快，这样就可以平息团队外部人员的冷嘲热讽，让他们相信顾问有能力解决问题。当然，要向客户敞开大门，让他们去追求更重要、更持久、更具影响的改进。

实战故事三：理解团队成员的个性和驱动因素

这则实战故事取自现任法国阿尔斯通公司战略和企业发展部副总裁的阿兰·盖。阿兰指出，他在麦肯锡的经历至今还深深地影响着他。据他回忆，灵活性对于激励团队成员往往非常重要。

在麦肯锡工作最具挑战性的是不仅要激励自己的队员，还要激励公司的客户。的确，客户经常会指派代表到项目团队。很多时候，特别是在运营过程中，我们需要激励客户向某个方向努力。有时，还需要经历重大的变革。这项工作有时会很困难，因为我们可能在权力或“级别”方面缺乏影响力。

我们影响客户的主要方式之一就是树立榜样。这就要求我们要协调好不同类型的团队成员。麦肯锡强调采用 MBTI 模型，而且清楚对不同性格类型该采用何种影响力模型。因此，一名优秀的麦肯锡咨询顾问要会用独特的方式进行激励。在我看来，尽管这不是麦肯锡做得最好的方面，但这一点的确非常重要。

商学院案例：积极支持是激励缺乏明确责任学生的关键

这里，我们再来看一看密歇根大学罗斯商学院的一位学生所描述的关于对志愿者团队的激励策略。

由于校园社团都具有自愿性质，所以参与动机大相径庭。有些人参加职位竞选是出于对社团及其目标的强烈的责任感。当然，也有些人仅仅是想使自己的简历好看些。我曾担任密歇根大学咨询社团的主席，在我的执行委员会里既有非常上进的人，也不乏相对自满者。在此类社团中，因为社团成员无须对任何人负责，所以就会带来一些问题——因为即使他们推卸责任，通常也不会在学术和经济上对他们产生什么影响。

在 2007～2008 学年，许多问题的起因就在于动机上的分歧。社团要组织一个咨询会，但很难让大家全力以赴。问题主要出在那些有工作的大二学生身上。为解决这一问题，我们开会讨论，结果发现这些大二学生在大一时都需要通过当时大二的学生来帮助他们找实习单位。现如今他们到了大二，帮助大一学生自然应成为他们的责任。

我引入了“月董事”激励制度。虽不是金钱上的奖励，但赞美对于大多数人确实能起到激励作用。我还向他们灌输团队意识，即大家应该互相帮助而不是仅仅关注自己的任务。这种激励产生了非常积极的效果，我也从中学到了宝贵的经验，即激励要因人而异。

案例研究

我必须承认在森特格罗夫的项目中确实缺少激励。但是，难道不是一直都缺少吗？这里，我们要来解决这个问题。

实践

我们的主要激励就是最后期限和最终方案。最后期限促使我们时刻关注工作进度和效率。大家都要承担繁忙的全职教学工作，由于最终需要在股东面前呈现最终方案，所以大家都会全力以赴。我记得艾伦曾说过，“如果大家知道所做的并非课堂项目，而是要做出成绩并把方案报告给委托方，那么我们就会更受激励。如果能认识到所做的项目与生活息息相关，那么就有助于团队保持应有的洞察力。”

尽管我们激情高昂，但在激励团队外围成员时却遇到了困难。这些成员是在学术强化周里被我们拉进来帮助研究的。因为他们对公共部门的项目不感兴趣，所以不像我们那样会全身心投入。对于他们，这并不是头等大事，再加上有些学生还没找到夏季实习岗位，所以他们都在忙着找实习机会。我们一起讨论各种激励外围团队的方法，下面是一些相关的观点。

艾伦提及向外围团队成员勾勒出项目前景的必要

性："我发现大家都能受到激励，但当有了自己的团队，并且必须向团队成员传达并灌输这种激情时，却发现并不容易。我们清楚最终的产品应该是什么，但团队成员通常不清楚。因此，如果团队成员只了解有限的信息，不了解项目的全局，那么就很难真正受到激励。"

沙丽妮也有相似的观点："通过去年的案例，我试着让他们了解所做的工作可能带来的影响。最后，我协助他们找到了实习机会。在我看来，如果我帮助他们处理了他们的问题，那么他们也会在约翰逊县项目上帮助我。因为我的职责和性格都很难让人兴奋，所以我就分配他们做喜欢的工作。"

沙丽妮做了精彩的评析："如果别人不去做，那么最后只有靠我们自己。因此，最好的办法就是去激励他们，让他们选择想做的事。我们也发现积极的支持的确能带来完全不同的结果。我总是确保大家的贡献得到认可，尤其是对那些具有创新精神或付出了额外努力的成员，因为这不仅仅能起到激励作用，还能大大提升团队的士气。同样，庆祝活动也可以使团队激情常驻。例如，在该项目完成时，我们与项目的利益相关者共赴丰盛的晚宴。”

心得

在这个项目的激励上，我处理了比以往更多的差异。这种差异不是发生在我们的核心团队里，而是发生在我们从咨询学院请来的其他研究人员中。当他们参与不多、投入不足时，要想激励他们是非常困难的。相反，五人核心团队的主要激励是期望能真正改变人们的现实生活。将来，当我要激励自己和他人时，我会将重点放在项目的潜在影响和个人对团队成功的贡献上。

该项目带给我的另一收获就是使我认识到了态度的重要性。我从未这样坚信过：积极乐观是激励团队的关键。每个人都喜欢积极上进的人，都觉得与那些相信积极支持并时常庆祝成就的人们一起工作是非常有趣的。

交付件

表 4-1 激励因素

人名	驱动因素
• 艾伦	• 个人发展
• 舒柏瓦	• 实际影响
• 瑞其塔	• 职业准备
• 沙丽妮	• 创造辉煌
• 蒂姆	• 经验及影响

下篇 分析要素

FOCUS

·第 5 章·

界　定

Interpersonal 人际要素	Analytical 分析要素
Talk 交流	**Frame 界定**
Evaluate 评价	Organize 分工
Assist 协助	Collect 收集
Motivate 激励	Understand 解读
	Synthesize 提炼

概 念

分析完TEAM-FOCUS模型中的人际要素，接着要讨论的是分析要素。有些受访者把人际要素部分看成软性或人性内容，把分析要素部分看成硬性或任务性内容。其实，这种区分强调的是内容而不是难易程度。事实上，软性技能往往更难掌握。

在TEAM-FOCUS模型中，FOCUS的第一个要素是界定。我的观点与大多数人相一致，即界定是全部分析要素中最为重要的。那么，原因何在呢？从分析要素的整体系统角度来看，界定尤为关键，因为所有后续的活动都与最终对问题的界定相关。如果不能正确定位问题或者所形成的假设有误导性，那么最好的结果是：团队达到目标的效率低下；而最糟的结果是：不仅缺乏效率，而且最终无法达到目标，就连得出错误结论的时间也会更长。本章随后给出的案例提供了这方面的证据。

> MECE 的议题树是一种把复杂问题简化的工具，MECE 本身正发展成麦肯锡人的一种逻辑洁癖。

这里所阐述的概念源于科学研究的方法。数百年来，这种科学方法一直服务于科学和学术探寻，只是到了近代（20 世纪上半叶）才由那些顶级战略咨询公司引入并应用于商业领域。渐渐地，诸如假设驱动分析、“相互独立，完全穷尽”（MECE）的议题树等科学方法概念日益为各大公司和政府机构所采用。在 3M 公司、宝洁公司乃至美国海军等组织，这些概念不仅盛行而且实施效果颇佳。

的确，只要实施有方，界定是本书所讨论的提升团队有效解决问题能力最为重要、最为有力的工具。当然，其中蕴涵的风险也最大。在深入分析诸条执行规则之前，这里先给大家介绍一下界定过程中风险控制的总体性思路：

- 在确立议题树和基本假设时，要做到内容明确、重点突出。

- 要通过找出验证性和证伪性论据来证明或推翻假设。
- 要切记界定过程需要反复，往往无法一次性得出最佳答案。

执行规则

规则一：明确关键问题

乍一看，该执行规则显得简单而直白，让人难免产生直接转到下一规则的想法。不过，正是这种反应致使计划过程产生了众多问题。团队成员当然希望在这一阶段不用费神，就直奔收集关键数据的阶段。然而，就任务分析而言，精确界定关键问题的确是十分关键的。

一次性界定出关键问题是很难实现的，相反，项目组需要反复多次才能做到明确。不过，关键问题的界定应从客户或案例（如果是在商学院）入手，要让他们谈谈问题所在。这里的难点在于客户有时可能关注的是问题的表象或副产品，而不是问题的核心。在给那些想在咨询业谋职的学生进行辅导时，我们常常用很多时间来练习如何界定或明确针对特定情形（如面试过程）的关键问题。这种训练很有必要，因为要想在商界取得成功，必须掌握明确关键问题的能力。

那么，如何确定关键问题呢？第一步就是要到客户那里，设法弄懂他们对关键问题的观点和想法。不过，要记住的是：最初所得出的问题并不一定准确。此外，必须明确的是，要使所界定的关键问题的高度、角度符合项目及期望结果的总体水平。例如，“如何才能生存”就与“如何提高盈利水平”，或“如何开发出新业务”站在了不同的高度、角度，问题所涉及的范畴也截然不同。具体而言，期限越短的项目必须越具体或需要较少的数据支撑来佐证结论。

经过初期的沟通，接着就要开始集思广益。当然，首先要做的是列出来自客户公司和团队成员的建议，并加以梳理以消除冗余的成分。同样，有些想法可能属于不同类别，因此需要对相关想法进行归类。

下面给出的是商业领域中一些经常在明确关键问题时作为起点的问题。不过，要清楚实际中的关键问题往往是针对特定客户和特定项目的。同样要注意的是，这里是按管理职能来区分的，当然也可以按其他方法，如层次、地域或时间，来考察关键问题。

- 战略（基于我所创建的模型）以及 4P 模型
    - 公司的市场定位如何（是否具有差异性）？
    - 公司目前的战略重点是什么（公司不该做的是什么）？
    - 公司支出情况如何（是否基于优先顺序）？
    - 公司的绩效如何（相比竞争对手而言）？
- 营销
    - 公司有何独特的销售定位（顾客需要吗）？
    - 公司对产品如何定价？
    - 公司该如何有效地宣传其产品？
    - 公司该如何支出媒体预算？

- 运营
  - 公司的商业模式如何实现？
  - 公司如何降低制造成本？
  - 公司如何扩大产量？
  - 公司如何提高产能？
- 人力资源
  - 公司支付给员工的报酬如何？
  - 公司是否有合适的人选？
  - 公司如何提高员工的满意度？
  - 公司如何确保所有的规章制度得到遵守？
- 财务
  - 公司的财务状况是如何评价的？
  - 公司如何获得扩张所需的资金？
  - 公司的业绩状况如何？

请记住，关键问题并不一定只局限于职能领域，而是要依据项目的性质而定。本书中的案例研究就是最好的例子，该案例所研究的问题实际上与各商业职能领域都毫无关系（参见本章末的讨论）。

规则二：创建议题树

一旦关键问题得到明确，下一步就是创建议题树，借以推进对问题的进一步分析。鉴于许多著作已就此进行了相当详细的阐述，所以这里只做简单提及，主要讨论具体的实施方法。从本质上讲，议题树可分为两类：信息树和决策树。信息树是起点，用于迅速弄清楚所要调查的情况。决策树将在执行规则的下一节——假设的形成——中进行详细阐述。信息树实质上就是关于现状的关键信息清单。换言之，信息树要总结出“到底哪儿出了问题”，而决策树要问的是“我们能做什么”。

创建议题树时要考虑的一个重要因素就是要尽量做到“相互独立，完全穷尽”。麦肯锡和许多其他顶级咨询公司都普遍应用 MECE 的思想。就本质而言，MECE 就是要“无遗漏、不重叠”地确立关键信息清单。例如，如果要对某个项目的盈利状况进行调查，就可以画出如图 5-1 所示的信息树。

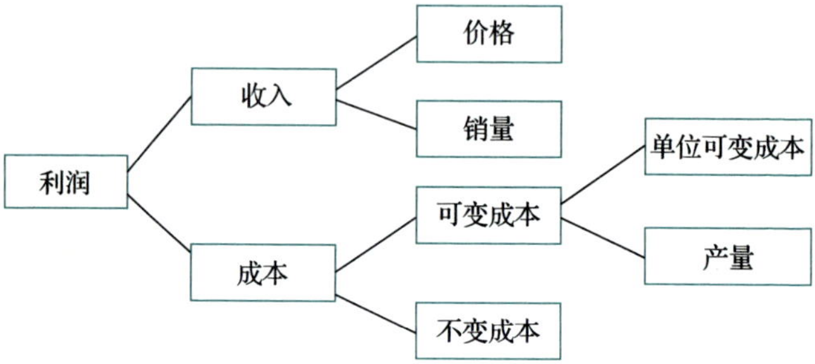

图 5-1　界定：信息树

应用现成的框架模型是麦肯锡、其他顶级咨询公司以及商学院所使用的一种重要方法。从本质上讲，框架模型就是前人所创建的议题树。通常，你的团队并不是第一个进行盈利、全球扩张、产量提高、并购等议题分析的。在接下一个新项目后，麦肯锡的咨询顾问首先要做的是下载从前的报告（这些报告已对机密信息进行了掩饰），以便了解前人是如何处理或调查该问题的，而这些一般都在麦肯锡的 Know Portal 里。此外，麦肯锡公司还专门在内部对一些常见的趋势性的核

Know Portal 是麦肯锡的知识库，几乎可以查到麦肯锡前辈对于任何商业难题的观点和解决经验，虽然大多时候无法照搬，但绝对可以开拓思路。你会经常听到麦肯锡人说“Know 一下”“Know 一把”，大致相当于“百度一下”。

心问题进行项目后的归纳总结，而且所有的咨询顾问都能获取相关的书面材料或电子文档。当然，我并不提倡用千篇一律的方法去解决问题，照葫芦画瓢；也不认为框架模型可以替代一切，它只是为分析与过往经历相类似的议题提供了参考。

作为副产品之一，商学院收集了解决各类商业问题的分析框架和模型。商学院的教授堪称这方面的专家，他们的工作之一就是向学生传授专业领域中最为重要的思维方式，包括提供给学生用以归纳核心观点的分析框架，并教授他们如何使用这些工具。事实上，我和我的研究助手共同开发了包含1000多张幻灯片的“杀手级幻灯片大全”(killer slide deck)，这些幻灯片集中展示了我和我的学生过去在各商业领域解决问题时所使用的概念和方法。对于项目团队及那些准备参加商学院案例竞赛的学生而言，这种工具是很有帮助的。

一旦构建完成MECE的议题树，接下来要做的是对需要调查的议题进行优先顺序排列，而这往往也是许多项目组的瓶颈所在。当然，最简单的方法是将资源平分给议题树上的所有议题（在项目管理中，所分配的资源多是时间，偶尔才是资金）。不过，这种想法实在很糟。议题树应该根据关键问题和决策方法来排列优先顺序。这里的决策方法应有助于使给客户的最终建议效用最大化。图 5-2 给出了一些典型的关键议题，这些议题都与咨询顾问日常面临的某种商业情形有关。

收益增长

- 新产品
- 增值服务
- 新市场

兼并和收购

- 战略拟合
- 协同效应
- 财务影响

成本降低

- 整合
- 退市
- 外包

组织重构

- 架构复杂性
- 冗余
- 战略联盟

地域扩张

- 市场规模和条件
- 政府影响力
- 资源和能力

新产品开发

- 产品线组合
- 潜在市场规模
- 定价

图 5-2　界定：商业议题

不过请记住，具体议题的实际重要性取决于客户、项目组和商业环境的具体情况。

规则三：形成基本假设

假设的形成是界定过程中最后，也是最有意思的部分。假设是对关键问题所给出的可能的答案。假设是决策树的起点。如果假设成立，那么问题就迎刃而解了。鉴于这一方法论源于科学研究方法，因此假设必须符合证伪性。换言之，假设不仅要明确具体，而且应当能通过数据来加以证明或驳斥。例如，“公司应当完善经营业务”就不是一个好的假设，因为它不够具体明确，无法进行验证。相反，“公司应将产能提高一倍，应增加对员工的年终分红，并将产品线减少 33%”就是一个较好的假设。值得注意的是，对于任何给定的项目可能有不止一个最终建议（关于阐述建议的技巧将在第 9 章中进行介绍）。此外，虽然当任务完成时假设最终有可能成为建议，但在界定阶段假设仍然属于假设，因为假设尚未得到验证。

直觉是科学研究方法中的一个重要因素。按照《麦肯锡意识》中给出的定义，直觉本质上是由经验锻造而成的一种本能。在 TEAM-FOCUS 模型中，直觉会在多个环节起作用，包括最前面的界定阶段、中间的解读阶段以及最后的提炼阶段。假设你所在的团队正处理某个项目，而你和你的队员都没有相关经验，或者说直觉有限，你会怎么做呢？这里可以有多个选择。一是成功利用过去处理类似情形所积累的经验；另一选择就是请教处理过同类项目的其他人，从而借用他们的直觉。获取直觉的最后一种选择则是创建“基本事实包”，其中包含团队可以很快收集到的有关公司、行业、环境、竞争等方面的信息。“背景信息汇总”（fact pack）所提供的数据既不求“漂亮”也不需要进行提炼，其目的只是为决策者提供一些关于公司和目前情况的背景信息，以便假设的形成。

在 TEAM-FOCUS 模型的界定阶段，一般要花多长的时间呢？根据我的经验，应该将项目总时间的 5% 花在该阶段（假设项目总时间为 3 个月或以下）。因此，假设3个月期限项目所需要的分析时间为360小时，那么界定工作应当在18小时或2天内完成。就所需交付的成果而言，这意味着要明确关键问题、画出议题树并形成假设。这一比例对于商学院24小时的案例竞赛也同样适用；换言之，参加案例竞赛的团队必须在一两个小时内完成界定分析。请再次注意，界定过程需要多次反复，最初假设总要经受多次调整和修改。

对于TEAM-FOCUS模型的界定阶段，我要给出的最后建议其实就是忠告。首先，在向客户公司或非团队成员介绍基本假设时，一定要小心慎重。这方面，我可吃过苦头，但也获得了经验：如果让客户觉得你可以用占项目周期5%的时间解决复杂的商业问题，那么他一定会感到紧张。通常，并非所有人都能理解“假设”这一术语的含义，“假设”也有可能被误认为你提出的解决方案。因此，最好把“假设”之类的想法看成所要探索的潜在领域，借此来取得客户的认可，最终得以用数据来验证“假设”。另一忠告是要记住界定过程是需要时间的，千万别指望能很快找到解决方案。虽然明确的验证方向能起到帮助作用，但仍要不断寻求证伪性证据，绝不要自我束缚于自己提出的假设！

操作攻略

在 TEAM-FOCUS 模型中，界定的操作攻略包括：

- 攻略 21：通过与客户的具体讨论，明确哪些是影响项目的关键问题。
- 攻略 22：在委托书中明确关键问题、项目所涉及的范围以及解决问题的大致计划。
- 攻略 23：明确项目的时限（研究年限）、地理范围和职能领域。
- 攻略 24：要避免“范围变更”这一普遍问题。“范围变更”是指将非原有项目的额外工作添加进来。要避免范围变更现象，必须不断重新回到基本的问题、参数和委托书上来。

- 攻略 25：形成总体假设，作为解决现有问题的潜在方案。
- 攻略 26：形成的支持性假设必须能验证总体假设。
- 攻略 27：在收集数据的过程中，重新讨论和修改假设（对假设进行证实或证伪；必要时，需要形成新的假设）。

实战故事

实战故事一：界定与工作重点

以下实战故事强调了 TEAM-FOCUS 模型中界定的重要性。同时，项目完成时间的减少说明了界定所带来的效率提高。邓肯·奥尔结合自己在澳大利亚麦肯锡的经历，与大家分享了他在南半球澳大利亚的故事。他会告诉我们：通过界定和优先排序，项目实施就会事半功倍，富有效率。

在我看来，界定是TEAM-FOCUS模型中最为重要的一环。如果界定正确了，那么其他环节通常会变得一帆风顺。有了界定，就可避免不必要和无关紧要的工作，就能确保项目组将注意力放在核心问题上。这就意味着客户的问题能够得到高效的解决，而这对客户向麦肯锡付费来说是尤为重要的。当然，这也使团队成员有了方向感和目标意识。对团队成员而言，最让他们失望的是缺乏对所要解决的问题进行清楚而准确的描述。当然，更糟糕的是当任务进行到一半时才意识到搞错了问题的重点。

这一步很难做到完美。事实上，由于客户自己也经常不能完全意识到核心问题，所以问题就变得更具挑战性。不过，如果一开始就能拥有固定的客户、团队和专家投入，那么就会很有利。

这一技巧在我所参与的一次策略制定中应用得非常成功。在该项目中，麦肯锡在最后关头为客户制定了一个应付公司收购活动的策略。在麦肯锡行业专家的帮助下，项目经理在界定主要问题上表现得很出色，并为我们的工作优先考虑最为相关的“分支”，即与客户的联合。这样做的结果就是，我们仅用四周就完成了原本需要10周才能完成的项目。当然，这中间有不少加班。此外，我们最后提供的方案也得到了客户的认可。

实战故事二：帮助客户明确问题所在

来自意大利的麦肯锡校友西斯托·麦罗拉描述了这样一种普遍情景：客户不能恰当地界定问题，特别是主要问题。

依我的经验，界定是整个项目中最为重要的部分。我的客户中有一家电力公司，该公司请麦肯锡对公司可能收购的目标进行评估。项目开始后数周，通过与高层管理人员的数次交谈，我们弄清楚了公司面临的真正问题，即“电厂组合是否与电力市场未来价格走向相一致”。

一旦理解了这一点，我们就能和执行总裁进行极富成果的探讨，分析电力市场的发展趋势以及可采取的措施。我们得出的结论是：公司没有必要立即收购其他电厂，当务之急是停止两处新电厂的建设。这两个电厂可能会使电厂组合失调，导致电厂的产能过剩。这不仅危险，而且与公司战略相左。

有时，麦肯锡所带来的价值在于能帮助客户的高层管理者变得高瞻远瞩，从而能清楚真正的问题所在，而不会贸然采取未经深思熟虑的解决方案。

实战故事三：谨慎处理客户的不满

以下实战故事来自麦肯锡校友弗洛里·普法夫博士。他知道如何找出任务的真正问题会对最终结果产生巨大影响。

界定旨在明确项目的关键问题并确保所用的方法获得客户高层管理者的支持。有时，获得高层管理者的认可是整个过程中最具挑战性的部分，对于来自公共部门的项目，情况更是如此。

记得我曾经做过一个关于区域集群发展计划的项目。来自该地区某大城市的市长希望我们能支持他。政治家总是希望我们公开宣布支持地区企业，而且这样做能对其他地区产生重大影响并会获得媒体的积极响应。不过，同任何项目一样，策略性行动也难免做出一些错误的决定。政治家常常只关注其行动的积极面而忽视那些消极因素，这正是我们这个项目所面临的问题。

在项目进行之初，我们就意识到市长已开始有意回避或者推迟一些必要的社交活动。市长对我们根据调查结果坚持自己立场的做法感到不满。因为集群发展计划的目的强调的是某些相关产业，所以从逻辑上讲对这些产业就要给予额外的关注和补贴。当然，其他产业就会受损。该项目的关键问题就在于市长是否真的愿意出来领导（如对集群发展计划可能出现的结果负责、进行沟通和付诸实施），而这位市长并不愿意承担这些。结果，在完成该项目第一个阶段的工作后，我们就停止了对该计划的支持。

商学院案例：客户方信息缺乏的后果

这一实战故事来自美国弗吉尼亚大学达顿商学院的一位学生迈克·莱维斯。就暑期在波士顿咨询集团（BCG）实习期间所做的一个项目，他回忆说其中的界定部分并不理想。就该项目而言，要做出一个明确的界定其实很困难，因为客户无法清楚地给出问题所需的细节。

我在做一家大型能源公司的项目，主要是为公司即将引进的新产品开发市场。听起来目标明确，但问题是缺乏对产品的准确描述。对产品设计的不了解使我很难完成自己的任务，即对消费者进行研究。如果我们仅了解大概情况，而对公司将如何设计、引入和推销该产品一无所知，那么很难对市场份额做出估算。因为关键内容未能很好地得到界定，结果造成局面不甚明了。如果不能很好地界定所需的投入，那么产出也就很难预料了。

因为基础调研与原油有关，所以第一步就是按国别和公司逐一获取原油厂商的名称和数量。通过艰苦努力，我总算完成了这个针对性并不强的任务。我把所有的信息汇编在一个数据库里，并根据厂商的规模、地理方位和所有权进行分类。其中的许多大型公司实际上是国有性质的，特别是在俄罗斯、沙特阿拉伯和中国。虽然我们能获得一些大型市场的整体特征，但一涉及具体产品就很难快速推进下去。

结果，我们花了三个月项目期中的四周时间来搜集产品信息。不过，如果客户能提供更具体的信息，那么获取产品信息的时间就能大大缩短。构建假设对随后的分析是很有帮助的，即使在某些情况下需要修正路线和转变重点，但假设的确可以确保沿着特定方向行进。就本项目而言，在相当长的一段时间内我们都无法朝着特定方向行进。

案例研究

我们发现在 TEAM-FOCUS 模型中，分析要素和人际要素具有同等的重要性。不过，要牢记的是，一次性完成界定可不容易。

实践

在这个项目中，我们想方设法对主要问题进行界定，几乎每周都要修订草案。所耗时间远远超出了弗里嘉博士所提出的 5% 准则（可能要用占项目 10% 的时间才会设计出一个满意的框架）。出现这种情况的原因有两个：第一，“相互独立，完全穷尽”（MECE）的应用有些棘手；第二，团队并不完全清楚公众的目标。

我们希望找出适用 MECE 的五类问题以便每人负责其中之一。但是，就界定环节而言，恰当界定 MECE 的问题类别是最具挑战性的，也是最耗时间的。例如，有两类问题分别是法律和财务问题，我们认为它们相互独立。但是，调查开始后才发现它们在很多方面是有交叉的。比如说公司的法律形态对公司的财务以及对公司财务负责的各方谈判的立场都会产生影响。由于存在此类重叠，我们就得不断重新审视。经多次反复，最终得出了与原始设计截然不同的问题类别。

在确定问题类别方面所经历的众多困难与“范围渐变”有关：思考和研究得越多，那么参数的界定就越困难。例如，看似简单的服务类问题最终需要一个明确的界定并辅以一个列明范畴内外的项目的清单。

事情的复杂化使得我们选定的问题类别与工作量配置不相称。艾伦指出：“学期过半之后我们发现，如果按照最初选定的问题类别来确定工作量，那么有些人的工作量显然更多一些。例如，就警力和消防问题而言，我们不断地重新评估自己的分析方法以及适当的衡量指标（是犯罪预防还是惩罚）。所有这种重复性工作往往是非常耗时的。”

因为对最终的问题类别很满意，同时也想保持问题类别的简洁性，当然也是因为需要清楚界定的责任，我们决定对问题不再重新安排，也不让团队成员转到其他成员的问题上。不过，我们设法在规定的时间内解决此差异，通过分配问题之外的责任来使整个工作量的分配更为均衡。

正如我所提及的那样，对问题进行界定会遇到困难，其中的第二个原因在于不明确公众的需要。受项目性质的影响，例如我们需要在镇会议上给很多极其情绪化的利益相关者做介绍，因此考虑受众需求就显得非常必要。在弗里嘉博士的指导下，我们设法完成研究计划和交付成果，特别是要让对项目的介绍满足受众的需要。

艾伦分享了他对受众意识的看法："在进行界定时，要清楚受众是谁，他们想听什么。这些对我们很重要。其实，受众想知道他们所处的情形、他们面临的选择以及该如何办。正如我们所预计的那样，对于我们给公司提出的增税建议，人们对其必然产生的后果反应消极。"

因为受众很容易被对项目的描述所影响，而且对我们所提出的建议很敏感，因此，如果希望建议获得通过，那么在措辞方面必须极其小心。对于有些问题（如修缮道路），应以自己就是受众的身份来进行介绍。对于其他问题（如增税）的说明，必须要能消除人们心中的疑虑。

有意思的是，我们最终推翻了最初的假设。在项目实施之初，我们认为森特格罗夫应该被印第安纳巴格维利兼并。因为我们借鉴了假设驱动的方法，所以就抱着支持论点的想法开始收集数据。但我们很快意识到自己收集到的数据，事实上推翻了我们的假设。最终我们得出的结论是：森特格罗夫应按新城市设置（当然这会面临兼并的阻力）。

心得

就整个项目而言，最为重要的阶段当是开始时的集思广益、界定问题以及围绕“相互独立，无限穷尽”的问题进行探讨。虽然该过程所耗时间超出了我们的预计，但是很值得。在研究的过程中要明确知道自己在找寻什么，要清楚项目整体进展到了哪里，这一切都有助于我们瞄准重要问题，避免那些无关紧要、徒劳无益的工作。

虽然恒心和奉献都是很重要的品质，但当调研结论不再支持最初的假设时，能灵活做出改变也相当重要。团队应当能客观地分析数据并相应地修订研究和建议。这些也能让人印象深刻。之所以能做到这样，其中的一个主要原因是在整个项目中我们处处小心谨慎，从界定问题到选择问题类别的全过程都是如此。在这个过程中，我们会对那些根本假设不断进行审视。

交付件

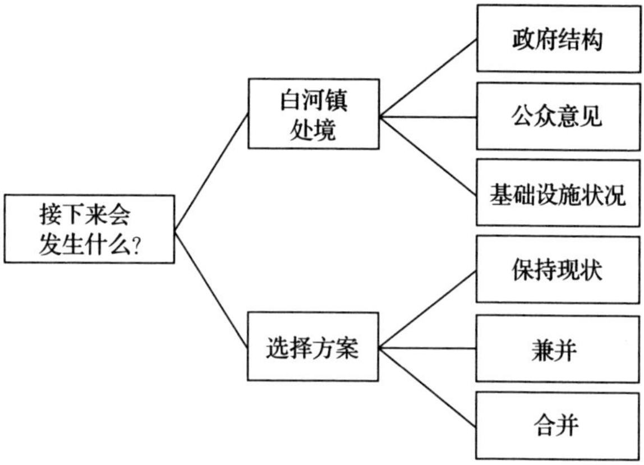

图 5-3 界定：信息树

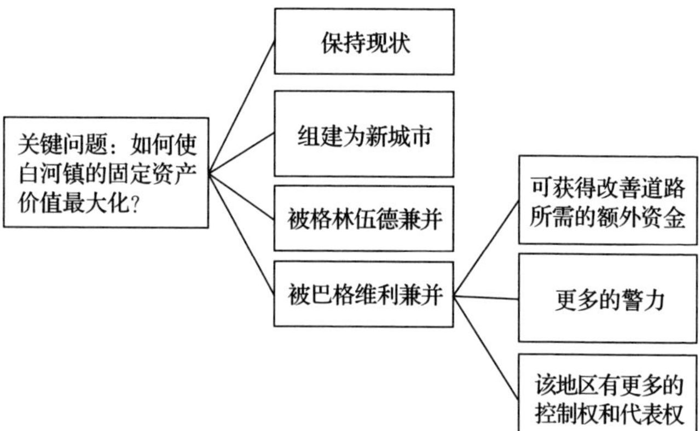

图 5-4 界定：决策树

假设

对于白河镇，最好的行动方案就是被印第安纳巴格维利兼并

图5-5 界定：明晰的假设

· 第 6 章 ·

分 工

Interpersonal 人际要素	Analytical 分析要素
Talk 交流	Frame 界定
Evaluate 评价	**Organize 分工**
Assist 协助	Collect 收集
Motivate 激励	Understand 解读
	Synthesize 提炼

概 念

一旦做问题界定，就要以一种非常策略的方式进行分工。当然要牢记的是，分工的主要目标是既要提高效果（做正确的事情）又要提高效率（把事情做好）。这里的基本假设就是 Team PS 的许多方法可以通过分工而得到完善。如果采用的方法论缺乏策略性，那么在团队协作时会出现哪些常见问题呢？

我发现在分工过程中存在三大问题。这些问题都起因于界定的不完善（参见第 5 章关于团队状态问题的讨论）。当项目组围绕一些错误的事情进行分工时，那就会产生第一个问题。从本质上讲，此时的议题树并没有按“相互独立，完全穷尽”的方式完成。不过，更多的情况是没有理出侧重点。第二个问题与此相关，涉及团队协作解决问题过程中的资源配置。最简单但并非最有效的方法就是平均分配任务，而不过多考虑工作量的多少以及各类问题对最终成果的影响。

项目组在分工阶段常犯的最后一个错误就是，缺乏用来检验界定阶段所做假设的工作计划。科学方法要求对假设进行证明或证伪，而假设本质上是关键问题的潜在答案。花大量的时间和精力来搜集更大范围的数据将有助于我们进行归纳。的确，这样做有时很有用，尤其是当缺乏该类别问题方面的经验时。不过，这样做也可能导致自己搜集的数据与问题不相关，乃至缺乏效率。

执行规则

每个项目组的分工形式各有不同，其主要区别在于其组成策略如何。我参加过许多项目小组，这些小组几乎不考虑工作小组的配置，原因可能是为了尽快开展他们认为真正有价值的工作——数据收集。事实上，分工本身对项目就有增值作用，所以像麦肯锡这样的顶级咨询公司就非常重视解决问题的方法。许多顾问将分工过程视为制订工作计划的过程。不过，在我看来，工作计划这一概念应分解为两个独立的部分，具体内容在“工作流程计划”和“制订内容计划”两个执行规则中进行了介绍。当然，最后那个执行规则是用“故事线索”指导问题解决的全部计划。

规则一：构建总体流程图

组织过程的第一步就是创建工作流程（我认为麦肯锡的顾问可能不会使用该术语；虽然他们也创建工作流程，但所用术语也许不同）。创建的流程并不需要太复杂或特别具体。事实上，我对麦肯锡构建的初始流程图有些惊讶。在普华永道处理转型和破产事务时，我们创建了详细的流程图，不仅因为我们是一家会计师事务所，而且我们必须以六分钟为单位向客户收费。事实上，一般咨询项目的流程图应该简单明了，只对关键问题做出回答。具体要求是：

- 总体上需要完成哪些工作？
- 由谁负责完成？
- 最终结果该如何？

- 什么时候必须完成？

在项目实施期间，计划一定会有一些调整，工作流程也应该做一些更新。如果流程图比较简单，那么更新起来就比较容易。当然，如果是一个长期项目，或者项目涉及很多团队成员，那么流程图的复杂性就会增加。不过，我的建议是：流程图不一定要做得很具体，也不必一开始就将内容计划与工作流程结合起来（这一点下文会提及）。

规则二：制订内容计划以检验假设

内容计划是分工过程中的一个要素，对项目的效率最具影响。在内容计划中，团队要明确其分析的优先顺序以及检验假设的方法。同样，麦肯锡的顾问未必使用"内容计划"这个术语。在我看来，将该部分内容传授给其他顾问、执行官和学生是很有帮助的。

内容计划是针对具体项目的，也是"界定"一章的产物。一旦团队明确了关键问题，就要画出议题树（信息树和决策树），并建立一个或更多的假设，然后开始对假设进行检验。高效的团队会将精力重点放在确定和检验最重要的子假设上。如果所有子假设正确，那么总体假设一定正确。你可以检验与假设相关的任何一个陈述，但你必须知道如何证明这些假设。

当然，这里的难点在于对那些支撑观点或子假设进行判断。为了证明Z正确，就必须要证明X和Y也正确。不过，我们该如何证明X和Y正确呢？因为这个过程会因内容的不同而不同，所以不可能提前告知子假设应该是什么。关于该部分内容的讲授，我提出以下建议：

- 采用来自商学院和书本的框架模型来形成点子。
- 考察过去从事过的类似项目（如来自同一行业，具有相同功能、相同商业议题的项目等），以便弄清楚过去项目采用的是什么。
- 创建多元化团队并集思广益。

规则三：设计故事线索

这一执行规则与咨询项目中关键的分工环节有关，即故事线索。在麦肯锡的会议室里，我无数次听到过这个问题：你的故事是什么？就本质而言，故事线索是项目结束时项目组要提交的最终汇报（presentation）的大纲。因此，有效解决问题的秘密之一就是：从项目开始实施的第一天起，就应开始准备最终汇报。当计划完成后，并在着手搜集系统数据前，团队应该先形成某个初始故事，以便大家对故事线索以及如何展开故事进行集思广益。

如果故事发生了变化，那该怎么办呢？承认并加以适应！咨询工作的核心技能之一就是要有灵活性和适应能力。项目组会用数据来对假设进行检验，有些假设自然会被证伪。事实上，到最后整个故事可能会与最初版本大相径庭（在案例研究中我们都有所经历）。这很正常，也能料到。其中的真正风险是：如果缺乏灵活性，那么人们仅会考虑自己最初的假设，并将重点仅仅放在证明这些假设上而完全不考虑那些反驳的证据。

随着数据的不断收集和主要观点的形成，故事线索就会转入“故事图”。对此如何理解呢？办法是把故事线索视为正在构建的大纲，最好能用一张由“金字塔”作为支撑的幻灯片进行阐释。这些观点就是幻灯片的标题，而幻灯片的内容就是支持该观点的“金字塔”。

上述三条执行规则将在位于本章最后的案例研究的交付件中进行阐述。虽然图的格式和内容会因项目不同而有所不同，但这些例子仍然可以作为工作时的模板。

操作攻略

在 TEAM-FOCUS 模型中，分工阶段的操作攻略包括：

- 攻略 28：对假设进行检验时，要保持客观性。
- 攻略 29：以框架模型为起点来思考所要分析的议题。
- 攻略 30：详细列出团队可能进行的分析问题类型和相关数据要求（至少在项目期间内）。
- 攻略 31：如果假设有所修改，则需要重新修改上述议题树和内容计划。

实战故事

实战故事一：可靠的假设

本实战故事来自一位麦肯锡校友，他强调了可靠假设对于确保分析有效的重要性。

关于麦肯锡解决问题的方法，有一个重要的忠告：从第一天起，就要求顾问能够通过假设来推动问题的解决。我曾应邀请加入某个陷入困境的项目组。该项目在名义上是为了帮助某石油天然气公司。该小组已经召开了两三次 Team PS 的例会，包括选拔组织专家，并提出众多待检验的假设。在如何调整公司的组织使公司更有效率的问题上，这些努力并没有带给团队任何好的主意。这样，团队及其客户都变得有些沮丧。

当我与该小组见面时，我们讨论的第一个问题是："这家石油公司是如何赚钱的？"答案竟然没人知道。两个工作日后，我们了解了公司创造价值的来源，并进行了另一次提出假设的会议——有关公司组织议题的会议。会上提出了一套可靠的假设，研究也从此得以顺利进行。对于这一经历，我最大的收获是：合理假设是解决问题最好的方法。不过，你必须事先收集一些基本信息，否则会浪费很多时间。

实战故事二：脱离计划的后果

在 Celgard 任职的弗雷德·休米斯顿回忆了他在麦肯锡从事过的两个项目。其中，议题树的构建工作仍然有完善的空间。

在那两个项目中，我们学到了一些宝贵的经验，即在项目的开始就要建立好议题树。我受过培养并能用严谨的方法论来解决问题，这也是麦肯锡成功的关键。但有时我们却不能严格遵守我们的方法论，甚至会全盘放弃。结果，一些关键问题就无法解决，影响到了我们的效率和效力。第一个项目涉及一家金融机构，它要求公司协助它进入该行业的标准业务中。事实上，这家金融机构曾做过该业务，但已将其出售，现在计划重新组建。这里的关键问题是：该机构是否应该再次进入该业务？如果应该，那么又该如何实现呢？

我们建立了包括两类问题的议题树（决策树）。一个是自己完成的，另一个则是与他人合作完成的。不过，议题树不久就出了问题。我们试图从议题树的下一层开始，即单独去做。我们研究了顾客的内在能力并构建了一个财务模型，对每位潜在合作伙伴的优缺点进行分析。虽然这实际上并不是在两个同类物之间进行比较，但项目组的领导不知道使用何种方法能够更准确地进行比较。两个月后，我们全面评价了这两个选择，但这样的比较毫无意义可言。最终我们得出了一个非常简单的答案：此类规模的金融机构在我们正研究的业务中应该能盈利，如果他们能靠自己来完成，就无须再找合作伙伴了。不过，这些仅仅是我们工作的一小部分。事实上，并非所有问题的解决都能得出这个结论。坦白地说，如果在项目开始前我们能更多地关注如何更清楚地界定问题，那么就有可能为客户节省更多的金钱和时间，当然也会有更好的经历。

另一项目阐述了在与客户一起工作时，让他们明确了解解决问题的方法的重要性。该项目有关一家大型零售商是否需要扩大海外业务以及该开拓哪些海外市场。对于麦肯锡来说，这只是一个普通的项目，但因为是我做的第二个项目，我不愿意去质疑解决问题的方案以及对客户见解的反应。我们决定不采用基于假设的方法，因为客户不想我们先入为主，而是想让我们放眼全球然后得出结论。我感觉事情不对劲，稍作回顾就觉得这一定是个危险的信号：因为这是一家大客户，所以我们不愿意与它发生冲突。当意识到应该采用策略性的财务议题树来进行问题界定时，我们已经花了六个月时间做了大量对客户毫无用处的事。虽然花了很长的时间来分析公司和国家的整体情况，但这些与关键问题“公司应该扩展国际业务吗？”毫无关系。这本该是麦肯锡宣扬其战略眼光的绝佳时刻，也是明确客户在全球定位的机会，但最终的交付件并没有达到麦肯锡的标准。令人奇怪的是，虽然整个麦肯锡团队有些沮丧，但客户却十分满意我们的工作。

实战故事三：分工与目标

马里奥·佩立加利在米兰的麦肯锡公司工作了4年，现在亿康先达国际公司工作。他描述了围绕假设进行分工的优缺点。

第一个例子有关某意大利公司的商业计划。麦肯锡团队参与了该客户许多平行的工作小组。由于意识到所有项目组在影响力巨大的领域工作的重要性，所以我不断地在小组间进行协调，并安排好工作重点。

事实上，我们构建了一个整体方法论，描述了每个领域的核心问题、假设、可能的建议、综合影响以及知识创造的协调。有位主管花了大量精力引领项目经理始终关注重点内容，并对团队工作进行了很好的组织。中心联盟－界定－分工的方法论看似很容易，但却能起到极大的推动作用。

第二个例子的结果没有第一个好。项目开始时制订的计划是否明晰决定了项目能否成功。通常需要在以下方面与客户达成一致：结果、项目预期、客户的参与以及双方如何合作。根据我的经验，项目的99%必须都达成共识，当然偶尔会有一两处遗漏。

在我所做的一个兼并项目中，两家独立的合作伙伴在组织阶段步调不一致。这两个麦肯锡团队采用了不同的方法，但未进行协调，结果时常出现一些相互矛盾的情况。问题的根源主要在于由一个项目组为两个团队制订工作计划，而且，项目团队的执行者从未真正协调过目标。结果，该项目成为没有为客户创造出重大附加值的难得案例。这说明分工明确能促进项目的成功，但若团队成员目标不一，那么结果就不会理想。

商学院案例一：责任划分的作用

来自杜克大学富卡商学院的本·肯尼迪描述了暑假期间自己在一家顶级策略咨询公司当助理所获得的经验：通过责任划分来避免重复工作和频繁交流，从而促进项目的效力与效率。

在实习期间我学到了很多东西。我所参与的项目是为一家计划上市的私募股权公司提供短期成长策略。所要解决的问题是：该企业为不同的行业提供服务，但每个行业成长的轨迹又截然不同。

该项目由三个项目小组完成，每个小组都有一位经理。我参与了项目的好几个方面，因此能看到各个方面是如何衔接的。这一切对我很有帮助。随着对数据的分析，我也有了一些见解。不过，随着各个小组人员的不断参与，这些见解也逐渐清晰。这些让我意识到了团队定期沟通的重要性，也知道了一张好的会议桌和白板的用处。

在组织收集到的数据时，我们进行了非常仔细的分工，因为让每位成员看同样的客户数据、文章、数据库、电子数据表和其他材料，既没必要也没有效率。

另一个收获是关于从客户那里搜集信息。如果你想得到尽可能多的一手资料，必须学会从各种观点中找到事实。你必须找到公司里真正的专家，并要意识到某些人告诉你一些事情有着特殊的目的，如担心失去工作。通过数据确认我所听到的，并对公司内不同层次的人进行访谈往往有助于项目的进展。

商学院案例二：案例大赛的赢家

这一案例来自美国弗吉尼亚大学达顿商学院的MBA胡安·普利。胡安提到了帮助他们团队赢得商学院案例大赛的三个关键因素。

第一步是要让大家达成共识。我们团队的关注度高，每个人都充满了激情，拥有相同的目标和指导原则："快乐学习，永争第一"。在分工方面，第一步是让所有五个组的成员集思广益，讨论如何完成项目，以及他们认为最终结果应该包括什么。然后我们缩小范围，尝试性地做一个故事板以便界定我们的研究和明确研究范围。从这个故事板上，我们能融入假设驱动的分析；通过回顾，我们能洞悉获得自己想要的最终结果所需的中间步骤。

关于工作和任务角色的分配采用民主和非正式的方式。基于过去的经验和兴趣，每个人自行选择自己的工作小组。然后，我们做了一个甘特图，其中包括到期日和中间目标。虽然这听起来有点专业，但实际上并不正式。这样做有助于大家达成共识，并能了解其他团队正在做什么。

这件事持续了四五天。因为正好发生在访谈季期间，所以每个人都相当忙碌，形势也有点混乱。项目期间也发生了一些冲突，但通过每日的公开交流，避免了一些大的误解和冲突的发生。经常性沟通能使大家达成对任务的共识，而我们的日程也允许长时间的团队会议。

团队内没有明确的领导，都是随意挑选的，在班上大家围坐在一起。不过，通过共同努力和策略性的分工，我们实现了目标，赢得了冠军！

案例研究

这里不可能谈及所有的问题。弗里嘉博士和坎农在分工中扮演了积极的角色。当然，上一章所讨论的界定过程也让我们受益匪浅。

实践

我们花费了大量的时间和精力来讨论界定问题，并根据 MECE 原则进行了界定和任务分配。这样，该项目的组织就能做到各司其职。在项目的最初阶段，我们集中创建了一幅可以指导整个研究的高水平的流程图。随着调研的进行，我们做了一些调整，同时也修订了流程图。这样做有助于我们将重点放在重要的领域而不会好高骛远。

随着项目的进行，我们将重点逐渐转移到故事线索上，并把关键问题作为起点。我们能掌握全球所有的数据和非常令人信服的论据，但如果我们没有连贯的故事线索，那么我们的陈述就会没有效果。为了做出最有说服力的陈述，沙丽妮和瑞其塔花了很长时间来整理好所有的幻灯片并将它们按逻辑顺序排好。之后，弗里嘉博士和坎农编辑了整套幻灯片，重新安排了顺序，从而使我们的故事显得更完整，更具有说服力。

心得

到了最后一天，故事内容就是最重要的了。为了构建好故事，幕后还有大量的工作要完成，但最重要的是观众要能接受这个故事并达到所期望的影响和效果。你可以用宏大的理念和缜密的研究去支持你的方案，但如果故事讲述得不好，那么就会功败垂成。我们发现，越早构思故事，尤其在分工阶段，就越能使我们的工作更富效率。很多时候，我们收集到的数据或所做的分析最终可能变得不重要。不过，只有当考虑这些内容是否符合最后陈述所需时，一切才会明了。

交付件

表 6-1　分工：流程图

阶段	1	2	3
主要目标	界定、分工和收集 • 形成环境分析备忘录	理解 • 构建初步的故事线索	提炼 • 完成报告
交付件	• 工作计划 • 初步的全套专题资料 • 访谈汇总 • 兼并案例概述（Avon）	• 幻灯片 • 访谈汇总 • 修订的全套专题资料	• 执行摘要 • 最终报告 • 附录
完成日期	2 月 19 日	3 月 13 日	4 月 16 日

表 6-2 分工：目录图

主要领域	分区	负责人	主要任务	截止日期
服务对比	消防	艾伦	与消防部门商讨可选项和关注的问题	2 月 19 日
	警力配备	艾伦	与警察局商讨可选项和关注的问题	2 月 19 日
	自来水	艾伦	研究人口增长对自来水需求的影响	3 月 13 日
	垃圾	艾伦	研究人口增长对垃圾处理的影响	3 月 13 日
	道路	舒柏瓦	对问题进行量化——在保持现状的地区，不好的道路有多少公里？在白河镇呢？	3 月 5 日
控制考量	分区	沙丽妮	找出当前区的政策/法律——对商家是否友好？	2 月 26 日
	特点	沙丽妮	与市民讨论当地独特之处以及如何保护	3 月 5 日
	经济发展	蒂姆	研究保持现状的地区的经济增长，并与已兼并的地区进行比较	2 月 26 日
	法令/法律	蒂姆	研究法律——如何实施兼并	3 月 13 日
	绿地	沙丽妮	调查在保持现状的地区和格林伍德的绿地数	3 月 5 日
资源需求	财政	瑞其塔	研究兼并成本	3 月 13 日
	组织	瑞其塔	找出相关的组织或人员	2 月 26 日
	法律	蒂姆	与艾伦讨论雅芳案例	2 月 19 日

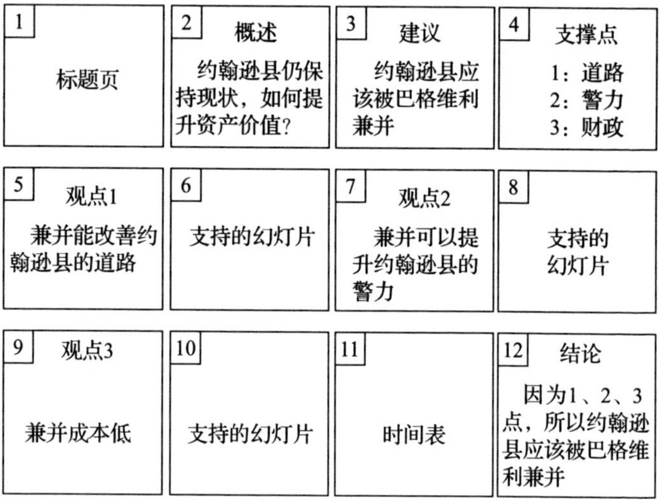
1
标题页
2
概述
约翰逊县仍保持现状，如何提升资产价值?
3
建议
约翰逊县应该被巴格维利兼并
4
支撑点
1：道路
2：警力
3：财政
5
观点1
兼并能改善约翰逊县的道路
6
支持的幻灯片
7
观点2
兼并可以提升约翰逊县的警力
8
支持的幻灯片
9
观点3
兼并成本低
10
支持的幻灯片
11
时间表
12
结论
因为1、2、3点，所以约翰逊县应该被巴格维利兼并

图 6-1　分工：故事线索

· 第 7 章 ·

收 集

Interpersonal
人际要素

T alk 交流

E valuate 评价

A ssist 协助

M otivate 激励

Analytical
分析要素

F rame 界定

O rganize 分工

C ollect 收集

U nderstand 解读

S ynthesize 提炼

概　念

本章虽短，但内容最具针对性。数据收集看上去很平常，却是团队协作解决问题过程中的重要环节。数据为什么那么重要呢？首先，在分析过程中数据是用来证明或证伪假设的工具。数据能使解决问题的人得出假设正确的有效结论。在提出最终建议时，数据也成为报告和最终汇报的基础（详见第 9 章）。

在收集数据的过程中，主要困难是什么呢？最普遍的问题是信息量太大。借助于那些著名的搜索引擎和数据库，项目组通常可以收集到远远超出他们所需的海量信息，但也使找到与当前问题有关的重要信息变得越发困难。

执行规则

这些执行规则侧重于提高资料收集过程的效率和有效性，主要目的是剔除多余的信息。

规则一：通过“草图”呈现必要数据

这条执行规则可能很引人注目，因为其中包含对项目组来说可能全新的概念。当我向项目组讲授TEAM-FOCUS模型时，它的确是最具挑战性的工具之一，尤其是当他们对交付件的处理还不太习惯的时候。

何为“草图”？有人称其为“示意幻灯片”，无论如何称呼都可以。草图表实质上是一个草拟的幻灯片，用于在问题解决的早期捕获想法。它包括一个通常位于幻灯片顶部的标题、一个数据标题和数据（或是将要收集的数据的大纲）。幻灯片中的标题是其中最重要的部分，也是唯一能反映出超强“提炼能力”的部分。标题以句子形式表达幻灯片的主题——“那又怎样”（so what）。

例如，标题可以是“产品的销售收入正在不断下滑”。这样，我们就能明确知道幻灯片中将出现什么方面的数据。但请牢记，即便在这个阶段，我们并不能完全确定幻灯片中将要出现的资料，所以数据标题只是有一定依据的猜测，可以用来检验假设，如关于“2003～2008年间产品收入”的数据。

我发现很多时候项目组经常会创建一个标记，然后一直等到收集完资料后才去思考标题。重要的是，对标题的思考应贯穿于案例的整个过程，而不是等到要结束时才去思考。必须明白的是，幻灯片的标题，甚至是资料标记都会随着项目的进展而发生变化。这很正常，也是预料之中的。

示意图表的最后一部分为资料略图。不必用那些代表性的数据或者说你想收集的数据去构建复杂的图表，你所要做的只是一个略图，可以先手工绘制，然后用模板图展示相关资料。下面所列的就是麦肯锡等许多咨询公司所采用的常见图表版式。这些版式正日益成为微软 PowerPoint 的标准模板，第 9 章将对此进行更多的说明。

- 条形图（垂直或水平）
- 饼图（组成成分）
- 瀑布图（构成总体的成分）
- 时间图（从……到……）
- 流程图（步骤）
- 甘特图（活动和要事年表）

咨询顾问在做草图时遇到的最大问题是：在没有彻底完成资料收集和分析前，他们通常不愿意记录自己的想法。我在职业生涯之初也有过这样的情况。不过，必须知道，解决问题是一个往复过程，绝不会一蹴而就。初稿的完成可以使整个过程更有效率，当我与MBA学员一起完成团队项目或案例竞赛时，这种情况尤为明显。当许多项目组最终完成案例并画出图表时，他们只是对资料进行收集、分析，再收集、再分析。即使到最后，也没有花时间绘制草图。这样做所带来的问题之一就是图表中的数据缺乏说服力。此外，到项目要结束时，团队就会发现遗漏了与案例相关的关键资料。事实上，这些问题完全可以通过绘制草图而得到解决。走进麦肯锡的办公室，你会经常听到“一天绘制一张图表”这样的说法，旨在强调用图表形式记录你的观察和想法的重要性。实际上，你每天可能需要绘制很多这样的草图。

规则二：进行针对性的访谈

访谈是资料收集过程中很重要的部分。在大多数咨询项目中，相比第三方资料，访谈更有助于问题的解决，原因何在？首先，也是最重要的一点，受访者对你所要检验的假设能提供直接和互动的反馈。许多时候，尤其当你的访谈对象是客户或该领域的专家时，受访者可能提供一些最初的想法，包括过去的经历、问题以及可能的结果。我主要的研究兴趣是知识管理，我发现大多数知识存储在人脑中，而未被汇编成文件，尽管公司花了大量投资来整理这些知识。受访者也可以节省你收集第三方资料的时间，因为他们通常能指导你找到该领域最有价值的知识。特别是在项目组对研究主题缺乏了解时，这些知识就更为重要。因此，我们应该明白，战略性访谈是资料收集的关键部分。

就访谈本身而言，一个最普遍的问题是访谈不当而导致访谈缺乏成效。以下三条建议可确保访谈富有成效：

- 访谈前。访谈的效果很可能在访谈开始前就已确定。这里有两个步骤很关键：第一，确定合适的访谈人选（对于该问题，谁有专业知识背景，谁能对假设做出回应，谁会参与执行或后续工作）；第二，制定并共享访谈提纲（例如，要讨论的三个关键主题是什么）。
- 访谈中。访谈过程中的一个普遍问题是想收集尽可能多的信息。较好的解决办法是掌控好访谈时间（例如，对见解和假设的回应）以及建立良好的关系以便于展开后续工作。
- 访谈后。写一封表示感谢的电子邮件、信件或明信片都是不错的主意。不过，我真正的建议是记录、记录、再记录。在24小时内，顾问必须记录访谈的主要心得，包括引言和参考资料。此外，分享你的访谈笔记以便团队成员随时了解你的研究进展。麦肯锡常常采用访谈记录模板并开展有关访谈的培训。

规则三：收集第三方数据

能否收集到最相关、最有说服力的资料，是决定咨询得以成功的关键。对年轻顾问或商学院学生来讲，这更是他们让自己脱颖而出的机会。请记住，因为我们的目标是尽可能地做到既富有效力又有效率，所以应尽量减少收集那些对案例不重要的资料。

收集资料时要时刻牢记什么是关键问题与基本假设。如果在议题树尚未得到明确、关键问题尚未得到广泛认可之前就着手收集大量的资料，那么所收集的资料可能与核心问题毫不相干。你是否参与过这样的项目：项目组所收集的资料和绘制的图表不仅未在最终汇报上出现，甚至连附录里都没有采用？相反，如果在收集资料时不断问自己相关的问题，那么收集工作就会富有效率。这方面内容虽然会在下一章中进行详细阐述，但团队在收集资料时仍然应当考虑资料的潜在影响力。

当然，对于那些在小公司工作的咨询顾问或者商学院的学生而言，掌握有效利用电子资源的工具是进行资料搜集的基础。麦肯锡之类的全球性咨询公司会雇专业研究人员负责资料收集。对其他人员来说，电子资料库和搜索工具既可能成为我们最好的朋友，也可能成为我们致命的敌人；使它们成为好朋友的唯一方法就是花时间了解它们。大多数顶尖商学院都能进入全球最好的数据库，而且只要敲几个按键就可以得到想要的信息。

对于任何工具，要想精通的唯一方法就是练习。我的建议是尝试一下所有工具，至少要了解它们对你有什么用。最终，你会找到你喜爱的工具，并学会如何更好地驾驭它们。Google 每天都在提供新的东西，甚至包括有关资料收集、文档共享和团队项目的网站。

麦肯锡标准绘图模板中，左下角要求必须填写资料、信息来源。

我最后的建议简短但很关键：在你的图表中要一直记录相关的**资料来源**。这对于数据的可信度（观点被充分支持）、真实性（非编造的事实）以及可追溯性（以后能够追溯到原始资料）很重要。

操作攻略

在 TEAM-FOCUS 模型中，收集要素的操作攻略包括：

- 攻略 32：制作草图以展示与整个案例有关的必要数据。
- 攻略 33：使用客户资料，尤其当对客户进行访谈时；事先列好访谈提纲，访谈后，在 24 小时之内以书面形式整理访谈记录，与团队分享。

- 攻略34：在所绘制的每张图表上注明引用的出处。

实战故事

实战故事一：草图的魔力

这第一个关于资料收集的实战故事既反映了策略性收集资料的重要性，也说明了不这么做给整个团队带来的灾难。布里格姆·弗兰德森回忆了他在麦肯锡时所参与的一个既是最糟也是最好的咨询项目。

这一特别项目几乎可以作为反面案例列入教科书，原因就在于它没有遵循执行规则。不过，该项目也表明了项目组为了扭转局势做出的中止、支持和决断所带来的回报。看似灾难性的项目最终成为我在麦肯锡最有影响、最值得骄傲的项目之一。

针对中欧一家以中小客户为目标客户的大型银行在几个国家的分行，麦肯锡做了一系列极其成功的研究，最终使其业绩呈指数级增加。为此，其中的一家子公司希望我们尽快为其做类似的研究。于是，公司匆忙组建了一个项目组，既没有执行经理（一位仅有一年从业经验的助理可望成为项目经理），也没有合伙人，而且没有人参与过营销方面的研究。正如我们所期待的那样，我和另两位队友都加入了其中。加入之后，我们除了知道要在两周内交付一份对营销进行重构的执行方案，以及要对筹划委员会进行初步评估之外，其他几乎一无所知。

就资料收集而言，项目组缺乏重点，因为我们收集了一切可以获得的资料。因为缺乏有效的界定和分工，因此对于收集什么资料没有明确的方向。大家都依稀记得麦肯锡的研究使该银行在其他国家的一些分公司在营销方面获得了长足的进步。因此，我们也想取得同样的成功。不幸的是，我们并没有使用自己的专长来修正问题，反而像无头苍蝇一样；我们并没有对客户进行访谈，而是把精力投向了那些 Excel 形式的数据库，并以图表的形式呈现给筹划委员会。

直到筹划委员会召开会议的前一天，无法出席的合伙人想知道对于明天的会议他能帮上什么忙。不出意料，他对我们的成果不太满意。由于时间紧迫，他无法坐下来与我们一起准备材料。相反，他与雄心勃勃的项目经理吵了起来，并给我们这些助理下达指令，要求用一晚上的时间准备第二天会议的分析和图表。那是我在麦肯锡最糟的一天一夜。第二天，那些比较年轻的助理甚至没被邀请参加筹划会议。据大家所说，筹划会议并不成功，因为事先并未接触到任何客户。

现在，局势发生了转变。开完会的那天下午，我们作为一个团队和合伙人坐了下来。这样，局面总算得到了控制。我们所做的第一件事就是运用开始就该使用的团队规则。我们轮流发言，表达了自己关于当前的问题、个人和团队的预期以及如何继续推进的看法。

那次的小组会议使每个人都觉得我们一定能完成好这个项目。出于实际考虑，我们计划招两个做过类似项目的助理。短短几天，我们就完成了一个包含精简银行并强化营销的完整框架。在此框架基础上，我们为接下来的两次筹划委员会会议和最终产品做出了配有草图的幻灯片。我完成了自己的任务，做出了所需的幻灯片，并为所有的幻灯片配上了标题及草图。在此过程中，我们明确了主要目标，制订了收集资料的计划，并部署客户团队，最终获得了成果。的确，这样做非常有利于未完成的研究。当然，结果也证明我们是成功的。

实战故事二：与客户共事

这第二个实战故事来自一位麦肯锡校友。该校友提到了与客户一起收集并分析资料时所面临的挑战。

该项目小组是我在麦肯锡所经历的有最多客户人员参与的团队之一。客户让众多的员工全方位地参与到项目中，这对于资料的收集和获得客户支持非常关键。这样一个客户团队极大地促成了项目的成功。具体来讲，五位来自麦肯锡的核心成员各自带领四五名客户人员。由于每位麦肯锡顾问必须领导包括一名公司外部成员的小组，所以为了充分准备，我们都做了很多幕后工作。

挑战之一是客户人员缺乏电脑操作、资料收集与分析方面的能力。不过，我们清楚成功的唯一途径就是参与到客户当中，理解他们的想法并为其找到解决方法。我们最终能顺利完成都是靠众多客户对达到这些目标所做的承诺。

从资料的收集、简报的创作到项目回顾，这种承诺以及我们对客户的关注一直不断。通常，在回顾项目时，麦肯锡团队会首先制订方案，并定期给高层提供最新的信息。虽然这一切通常发生在董事局内，由高管和麦肯锡团队一起讨论，但对于该项目，我们认为必须有一次更能吸引人的阶段汇报会。我们希望所有的客户都能回顾一下他们所取得的成果及进步。对于他们来讲，能看到高层人员对他们工作的正面评价是极其有帮助的。所以，麦肯锡团队做了一次汇报，但同时也做了海报（每个小组三四张）。客户的职员可能会因为取得了进步而有机会向其高管描述主要成果并展示支持结论的资料。

商学院案例：与合伙人定期联系的好处

这一商学院案例来自杜克大学富卡商学院的MBA学员本·肯尼迪。暑假他曾在一家顶尖咨询公司实习。我们在第6章中就提到过他，但他在这里主要谈的是数据收集问题。

我们的项目是为在多个行业提供服务并期待短期取得增长的客户制订发展计划。具体来说，我们的假设侧重于测试一系列目标产业来决定优先考虑的领域。我负责三个工作小组中的一个，直接与高层合伙人共事。

我花了很多时间收集和分析资料。虽然从资料上获得了很多新的想法，但与合伙人探讨资料的收集和分析更有收获。我愿意与合伙人一起收集资料，然后一起讨论。这样做往往有助于新观点的形成或者发现分析中的漏洞所在。让合伙人翻阅我收集的所有资料显然是低效率的。因此，明确重点就成了我工作中的重要内容。定期进行简单的更新往往有助于研究的顺利进行。

另外值得注意的一点是，在实习期间，我也了解了数据在访谈中支持或反驳某个观点的重要性。在对客户进行访谈时，我们不时会得到一些缺乏证据支持、带有主观色彩的观点。这可能是由公司内部的政治问题所导致的。因此，确保资料尽可能客观就很重要。

案例研究

这个案例研究表明资料就是咨询项目的金钱。

实践

在我们收集数据的过程中，信息共享是极有价值的。这里介绍一个在项目早期所采用的团队方法。每个人都收集了自己领域的资料，以便帮助团队其他成员了解每一类别的关键内容。这样，每个人就能更好地了解整体情况。在项目的全过程里，大家不断地共享信息，并以电子邮件方式互发在研究过程中所获得的相关文章及其他资源。我发现，在这个项目中信息共享比以往都要重要，因为我们实际上没有美国城市合并的经验。对于我们来讲，一切都是陌生的，因此互相帮助共同前进就显得更为重要。

在信息收集的过程中，另一重要内容就是找到关键的联系人。我设法找到了一位在我所研究的领域里（即在并购法律方面）具有丰富经验的关键人物。我们非常依赖他在这方面的指导和帮助。他甚至能回答其他团队成员提出的大量问题，帮助团队朝正确方向前进。有时，一个项目需要通过各种渠道收集大量资料并进行提炼；有时，一条信息就如一把利刃直切问题要害。这里的例子就属于后面这种情况。

艾伦很聪明，也很幸运。他找到了一个非常好的资源库。他与我经历类似，他的联系人也知道如何解决他的问题或者知道该向谁问询。他说："在许多情况下，我们应该直接使用这个资料来源。我们最大的收获之一就是直接获取了联邦调查局和中央情报局的分析资料，这本来是要通过询问消防队长和警察局长的意见才能获得的。”

另一个有效的做法是以幻灯片的形式保存我们的研究结果。收集数据时，把数据直接放到幻灯片上，而不是以 Word 或其他格式存档。这样，交流起来就更为容易，而且也更方便今后的查找。

除此之外，我们外包了一些工作。正如在第 3 章所提到的那样，我们通过咨询学院组建了工作小组，让它们来帮助我们进行研究。我们发现这极其有效，尤其是艾伦，一周内取得了斐然的成效。他讲道：“进入学术周前，我一直忙于个人的工作。学术周帮助我们迅速完成了很多工作，包括制作了很多幻灯片。”

心得

直接找到源头！找到一个对项目主题有扎实知识的联系人极其重要，尤其是当你对该研究领域没有太多经验和知识时。在找到关键联系人之前，我花了相当多的时间来熟悉问题并寻找解决办法。通过该项目，我意识到人们通常是乐于帮忙的，找到该领域的专家并进行请教比靠自己啃完大量的新信息要容易得多。

今后我会更多地使用资源，从而使自己更富有创意。在时间有限且项目较具规模时，通过请咨询学院的学生不仅可以起到辅助作用，而且也能推动我们的工作。显然，这是很有价值的工作。

交付件

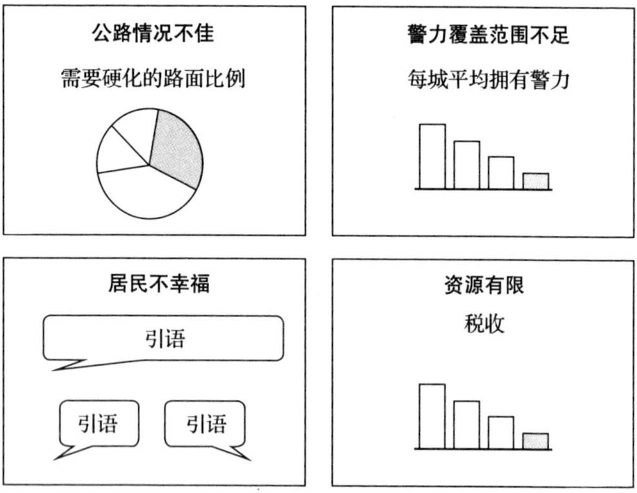

图 7-1　收集：草图

表 7-1　收集：访问指南

<table>
<tr><td colspan="2">• 受访者：艾伦 · 亚肯
• 日期：2007 年 1 月 24 日
• 访问者：蒂姆
• 主题：Avon 案例</td></tr>
<tr><td>受访者背景
• 律师
• 曾任印第安纳州 Avon 的领导
• 具有丰富的印第安纳州兼并案经验
介绍
• 项目综述
• 自我背景
• 访谈目标和时限
核心问题
1. 印第安纳州的兼并程序如何
2. Avon 的例子是什么
3. 白河镇的教训和建议</td><td>1. 印第安纳州的兼并程序
• 总述和历史
• 议程详则
• 法律标准
2. Avon 的例子
• 兼并原则
• 精确的步骤和参与方
• 文件
3. 白河镇的教训和建议
• 讨论有关白河镇的假设
• 基于被访者自身经历，寻找挑战的切入点
• 共同提出对该项目的建议</td></tr>
</table>

表 7-2　收集：访谈记录

<table>
<tr>
<td>核心见解：
1. Avon是一个相关的例子
2. 有些困难可以克服
3. 兼并之路漫长且复杂</td>
<td rowspan="2">2. 可克服的困难
• 众多必要的分析
★ 他将兼并比作一次商业交易。问题似乎是由于没有诠释清楚而使提议被拒。因此，提议需要明确，要转换为经济问题。居民对税收问题相当敏感，市政府需要通过收益成本分析来告知居民
• 重要的沟通
★ 具有良好沟通的合并会进展顺利，而那些缺乏良好或持久沟通的合并会面临重重困难，因为居民具有更多的权利
★ 提前通知居民与镇方，并与其交流往往极其重要
• 为邮寄和其他程序进行融资
3. 漫长而复杂的兼并
• 耗时长
★ 该兼并长达一年之久，在此期间Westfield还发起了针对土地拥有者的暴力抗议活动
• 法律要求
★ 如果城市无法在三年内提供所需服务，也有可能选择不兼并
• 白河镇的兼并将耗时更长、过程更艰难
★ 是10～30倍</td>
</tr>
<tr>
<td>1. Avon的相关性
• 最近的案例，1995年
• 兼并准则和动力：更优的服务和更多的控制
★ 农场主将土地卖给出价最高者，而这些人通常是不负责任的开发商，其开发往往不符合乡镇的计划或期望。如果能早点合并，就可以通过区域指导准则防止众多恶性开发
★ 犯罪不再限于Plainfield
★ 需合并Hendrick的1100英亩[①]田地
• 新城的合并项目需政府和公民的协力合作
★ 虽然该镇没有合并众多田地，但依然要处理镇郊的土地开发问题。虽然雅芳想吞并更多的田地，但其实只是些劣质田地，而非用于商业开发的田地</td>
</tr>
</table>

① 1 英亩＝4046.856 平方米。

表 7-3　收集：关键性第三方资料

竞争者资料	行业资料	市场走势
• Factiva ★ 一般性新闻 ★ 详细的公司报告 ★ 每日要闻 • Mergent Online ★ 公司的深度资料 ★ 可下载的财务报表 • Hoovers Online ★ 公司简介 ★ 综合性报告	• Datamonitor ★ 消费市场报告 ★ 行业走势的实时报道 • S&P NetAdvantage ★ 杰出行业的数据 ★ 公司排名和行业展望 • Frost&Sullivan ★ 全行业报告 ★ 国际预览	• Reuters Business Insight ★ 全球市场报道 ★ 医疗、IT、交通等 • Investment Plus ★ 全文研究报告 ★ 行业研究专家点评 • Government Data ★ Census.gov ★ Fedstats.gov ★ BLS.gov

·第8章·

解 读

Interpersonal 人际要素	Analytical 分析要素
Talk 交流	**F**rame 界定
Evaluate 评价	**O**rganize 分工
Assist 协助	**C**ollect 收集
Motivate 激励	**U**nderstand 解读
	Synthesize 提炼

概 念

本章将介绍咨询顾问对项目的实际价值，即根据所收集的资料来得出观点。咨询顾问的魔力就在于能将收集到的资料经整理而转化为能解决核心问题的真知灼见。如果项目组遵循了前面章节描述的方法论，那么解读阶段就是要证明或证伪初始假设。很多时候，随着对问题理解的加深，初始假设需要进行修改并提炼成要交付客户的最终建议。对此，第 9 章将做详细说明。

在解读阶段，项目组所面临的最大难题是如何形成高质量的见解。由于在解读过程中项目组需要不断挑战自己的观点，所以项目组在精神层面上会受点挫折。本章所述的执行规则和操作攻略可为解读提供有效的指导。当然，重要的是要根据相关材料和直觉洞察为客户找到合适的解决方案。

执行规则

在收集了众多与关键问题相关的资料和信息后，项目组必须对资料进行消化，加深理解从而得出最终方案。以下执行规则将阐明如何有效地完成这些步骤。

规则一：明确“so what”

麦肯锡内最为重要的一句话就是“so what”（那意味着什么），意指检验为具体研究所收集的数据的相关性。在实际运用这一概念时，不妨设问并回答下列三个问题之一：“它对项目组的暂定方案有何影响？”“它会改变团队的分析方向吗？”“它的实施是否会对客户的运营产生实际影响？”对这些问题的回答就是最终的答案，也许就是对“那又怎样”的解答。

在麦肯锡，团队成员在整理分析所需的庞杂数据时，彼此间每天都会多次问及“so what”。在努力寻找答案的过程中，我们会发现一些看似完整而极具说服力的数据可能并不能回答项目的核心问题，最多能作为附录补充的背景资料。

规则二：厘清对项目相关方面的启示

这一执行规则与上条规则密切相关，但更具针对性。规则一是有关项目见解的“是”或“否”的回答，对于客户而言更是如此。应用本规则能对潜在影响进行更深入的剖析，而且将调研范围拓宽到当前客户以外。

那么，咨询项目中有哪些相关方面需要加以考虑呢？从本质上来看，主要有三类：

- 咨询团队。为了回答每一个“那又怎样”，要对资料进行整理，那么首先要考虑的成员就是你的顾问同伴。除了可帮你检测自己当前的理解是否有效、充分之外，他们也有可能受到你对他们所分析领域的理解的影响。不论团队如何努力保持相互独立，进行 MECE 分析，总会发生一些内容的交叉和重叠。因此，团队成员应该经常互相检查并共享资源。
- 客户项目团队。对于由高层总监、主要联络人以及被分配与咨询团队共同完成项目的人员组成的客户项目团队而言，最重要的是那些解决关键问题的方案。不那么直截了当的启示则包括政治议题（如晋升计划、沟通潜规则以及心照不宣的影响策略）、各种相关问题的解答（未来可能的咨询项目）以及个人日程（请记住，与你共事的人在你加入前一直在变化）。

- 客户方案实施团队。来自咨询公司最多的批评就是客户没有能力或者不愿去执行所提出的建议（麦肯锡就碰到过）。问题的实质就在于：即使建议极佳，但若得不到执行也不会产生任何成果，如同没有进行咨询，有时甚至代价更高。在项目进行过程中，必须仔细考虑这些建议该如何执行、由谁执行以及如何确保得到顺利执行。

规则三：记录所有图表中的核心见解

这一规则要求明确记录每张幻灯片所展示的核心观点。这里，先要解释这么做的重要性，然后再给出如何才能做好的建议。

在团队协作解决问题的过程中，收集与解读阶段是相辅相成的。项目组首先要勾画出故事线索，然后要画出草图，接着收集资料并填入图表，最后则须陈述每张图表的观点。其中，陈述观点也是此阶段最为重要的内容。麦肯锡通常把观点放在幻灯片的标题位置；其他公司则将主要观点置于其他部分，幻灯片的顶部只作为导向或者段落分割用（第 9 章将具体阐述我们的方法）。对核心见解的陈述往往非常重要，因为它明确给出了该图表存在的理由。这样，团队中的其他成员及客户都能对此有所了解。

在每张幻灯片上确定并记录核心见解时，不妨遵循以下建议：尽早开始、寻求见解、充分考虑对客户的影响。就时机选择而言，对主要观点的初步陈述应在数据收集前完成。如第 7 章所述，草图所探讨的观点可能为资料所最终支持。在资料收集过程中，观点也会一点点形成，因此重要的是要确保资料能证实观点，除此之外不要做任何评论。由于得出见解的过程非常重要，所以这一过程不能只由一个人来完成。研究表明，观点的多样化能带来更好的解决方案，因此在形成观点并以支撑资料加以证实时，应积极寻求其他团队成员的见解。借助于寻求他人的见解以及描述假设的过程，我们就能获得更好的图表和见解。

最后，所有的见解都应当对客户产生某些影响。谨记，这正是我们从事项目咨询的原因。要做到这一点，办法之一就是要明确见解对于最终建议的具体影响，以及最终建议反过来会如何影响客户的运营。麦肯锡的每一个项目都包含对客户潜在影响的量化，而这其实也是公司核心任务的一部分。通常，这种量化采用额外收益或成本降低等财务指标，并且包括对假设的明确陈述以及对可量化影响的一系列评估。

操作攻略

在 TEAM-FOCUS 模型中，解读要素的操作攻略包括：

- 攻略 35：通过设问“so what”来整理分析思路并确定哪些最为重要。
- 攻略 36：充分评估建议对客户运营的影响。

实战故事

实战故事一：研究方向的剧变

格罗斯曾任职于麦肯锡，其间经历了许多成功的项目。就他曾负责的一个项目而言，他提到了解读并适应客户观点的重要性。

我曾担任一个制药项目的高级项目经理，负责协助制药公司制定面向亚太市场的增长战略。该项目要求通过集思广益来制定针对 10 个不同国家的经营战略，还要求由一位来自美国的亚太地区市场总监对战略加以审核。

在项目启动两周后的那个周五，我们提交了初稿供对方审查。客户方高级主管翻了没几页，就突然从桌子对面扔给我，还厉声说全搞错了。在项目开始的四周之前，我曾与麦肯锡的董事和客户一起讨论了项目的研究方向。显然，该项目要做的是增长战略。然而，在那次会面结束六周后，无论是市场还是公司内都面临着巨大的财务压力。现在，公司需要的是成本削减战略而非增长战略，客户自身的期望变化导致咨询团队研究方向的剧变。

鉴于这一新变化，我们必须重新评估公司的状况，也就只好回到画图板上重新开始框架流程。我所做的第一件事情就是与项目合伙人讨论项目转向问题。自那次糟糕的会面后，我请教了麦肯锡成本控制方面的专家，阅读了相关的白皮书。通过咨询有关项目专家，我对所要解决的成本削减问题已十分精通。到了周六晚上，我们团队已开始从全新的视角来研究问题。

经过数日的挑灯奋战，我们已经为周二的会面准备好了一个新方案。这次，那位主管非常满意。这样，项目也被扩展到了整个亚洲，最终又带动了公司在拉美的业务。

实战故事二：成功的关键

迈克·扬结合他在麦肯锡的工作经历给出了以下建议：

- 正确解读“so what”。缺乏“so what”的故事不能算是故事；“so what”旨在证明见解的重要性，同时又能使见解对客户产生影响。
- 成员的作用。除了考虑团队的组成情况之外，还必须通过私人组织来证明见解的有效性。如果心里觉得客户会不满意结果，那么有可能客户真的不满意。因此，最好请各类成员来参加讨论，同时要求他们提前提供建议。这样，下次会面时就不会有不愉快的经历。
- 记录核心见解。每张草图都应给出清晰而有意义的观点。如果缺乏这样的观点，那么草图就算不上合格，可以将其删除。

商学院案例：了解别人

一位接受访问的MBA学员讲述了他在麦肯锡担任

咨询顾问期间所经历的一个从最糟到最好的咨询项目，通过这次访问，我们明白了了解其他团队成员的角色与职责有助于团队项目的成功和有效实施。

项目开始时就出了大错。因为直到项目开始后两周项目经理才露面，所以之前我只有孤军奋战。这样，我必须从麦肯锡之前所做过的研究项目、行业报告以及近期所出的文章中尽可能多地收集资料。

在与项目经理的首次阶段汇报会上，我引以为傲的包含 200 张幻灯片的简报被她彻底否定。当她将简报一张张撕掉并扔到地上时，她心里一定说了不下 180 遍“so what”。这次会面真是又长又痛苦。

当第二天我们与合伙人见面时，项目研究的局势有了转机。我们一起明确了案例的故事情节以及每个人的角色。随后，团队也得到了扩大。因为我们把更多的精力用到关键的问题上，而且资源配置日趋合理，项目最终得到圆满完成。

案例研究

我永远不会忘记“so what”对于团队解决问题的重要性。

实践

我们以为最重要的指导原则之一就是要重点分析“so what”。在项目开始前，弗里嘉博士就训练我们“so what”的思维方式，所以我们当然牢记要关注所收集资料的相关性。项目的最难之处在于确定每位成员所得出的结论对其他成员所承担的项目内容的影响。例如，财政状况与自治权之间总会产生矛盾。一方面，如果作为独立社区进行整合，那么森特格罗夫就享有高度的自治权，但至少要面临两年的财政困难。另一方面，如果与另一社区合并，那么财政和物流问题可以得到解决，但社区在税收和支出上的自主权就会丧失。

我们以为成功的另一因素是将“so what”应用到更广的层面。我们不仅会考虑资料与自己或项目间的相关性，也会考虑所得出的结论对成员的意义。我们的确能设身处地为他们着想，然后问“那又怎样”。虽然我们或多或少知道这些成员的来历，但要构建令人满意的阐述报告依然困难，因为客户可能很难公开接受任何形式的变化。因为成员对整合、合并或者不作为等选择有自己的看法，所以有些成员难免有抵触情绪。例如，即使我们希望人们对税收增加不要那么敏感，并设法通过强调正面影响来消除负面影响，但大多数人仍坚决反对任何形式的税收增加。与会的几位最终被我们演示的新视角打动，尤其是一个老妇人在看了我们的资料，考虑了对子孙的影响后，改变了主意。

心得

资料对于结论的形成必不可少，而且对于支持结论也很重要。不过，仅仅罗列大量资料也是毫无意义的。此外，仅仅提供大量资料就让客户自己得出结论也绝非明智之举。实际上，本项目强化了这样一个观点：提供一个切实可行的解决方案并给出一个清晰的观点非常重要，这样客户就不会有任何困惑。我认为这一点适用于任何项目，因为人们总想确定听众能从演讲中获得最大的收获。要使听众不因没有结论而问“那又怎样”，最好的办法是给他们提供清晰的结论和相关的“那又怎样”。

交付件

表 8-1 解读：意义小结

组成成员	含义 / 问题
白河镇居民	• 通过分析所得的新见解 • 对他们未来所担心的税收增加给予长期考量
约翰逊县的领导	• 在策略讨论中进行记录 • 明晰进程中的潜在角色
凯利商学院	学生： • 运用在商学院所学到的工具 • 培养演讲能力 • 对社区的影响 凯利： • 与学校扩大规模及其对印第安纳社区的影响相符 • 募捐成立的商学院的潜在差异性

2007~2012年间各年的现金流将为负

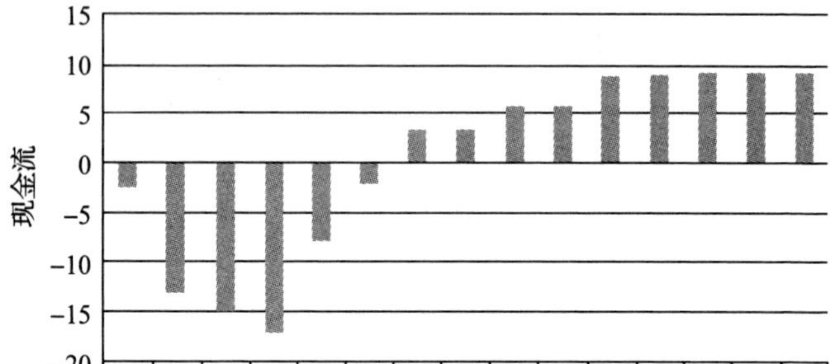

	2007	2008	2009	2010	2011	2012	2013	2014	2015	2016	2017	2018	2019	2020	2021
■ 现金流	−2.5	−13.	−15.	−17.	−7.9	−2.2	3.27	3.27	5.55	5.58	8.79	8.88	8.97	9.05	9.14

图 8-1　解读：以见解为题的图表

· 第 9 章 ·

提　炼

Interpersonal 人际要素	Analytical 分析要素
Talk 交流	Frame 界定
Evaluate 评价	Organize 分工
Assist 协助	Collect 收集
Motivate 激励	Understand 解读
	Synthesize 提炼

概　念

本章的完成当归功于来自麦肯锡的三位顾问，他们提供的素材让我获益匪浅。这三位是：哈利 · 朗斯塔夫、基尼 · 赞拉斯尼和芭芭拉 · 明托。

哈利是麦肯锡入门培训项目的灵魂人物。在入门培训项目中，所有新晋的咨询顾问都要赴英格兰农村地区学习并实践麦肯锡团队工作及其分析原理。虽然哈利已于 2006 年去世，但我永远不会忘记他对麦肯锡核心理念的驾驭、他对方法论的独特认识以及他的人格魅力。基尼 · 赞拉斯尼是麦肯锡内能把杰出创意转化为引人注目的图表的大师。

芭芭拉 · 明托也是同样重要的一位顾问，她彻底改变了成千上万名顾问和管理人员所采用的分析方法，以及表达意见的方式。无论当初在麦肯锡，还是今天在自己的咨询公司，她都堪称声名卓著。我要求每位学生都拜读她的著作，她的见解是团队高效解决问题的有效武器，所有这些本章将进行详尽阐述。

执行规则

本章所介绍的执行规则都与形成并传达结构合理且表述清楚的所谓好论点有关。不过必须牢记，做到这一点的最好方法就是依靠团队合作。虽然团队合作有其自身的挑战，但总会胜过个人努力。

规则一：获取意见，确保认可

咨询项目取得成功最为重要的前提之一就是客户的积极参与。总是有这样的无稽之谈，称麦肯锡的战略非常好但无法执行。事实上，在麦肯锡的每个项目中，每个小组都会主动请客户全程参与。此外，在没有形成一个详尽的执行计划、没有弄清楚变化对组织的具体影响之前，麦肯锡绝不会结束项目。

客户参与项目的动机非常明确，而且与麦肯锡在世界各地的分公司所宣扬的两条使命有关：帮助领导者显著、持久并实质性地提高组织绩效；为员工提供良好的工作环境以及在其他地方无法获得的成长机会。麦肯锡要求客户公司的管理层必须积极参与所有的研究。一方面，麦肯锡要针对客户的实际情况提供独一无二的观点和见解，另一方面，这样便于加深对客户公司文化的理解，这些最终将使方案得以落地实施，且对各个部门产生积极的影响。

在有些项目中，对客户的参与必须进行战略管理从而确保有效地解决问题。除了方案可能产生的最终影响外，绩效还取决于客户是否认可该方案。如果客户不接受，那么项目就不可能得到成功实施。

- 项目开始前。如果问题不能得到明确界定，或经营绩效没有可能得到大幅提升，客户不能充分参与项目，麦肯锡是不会轻易承接项目的。上述共识通常被记录在项目建议书中（参见第5章）。
- 项目进行中。对客户进行访谈是实现客户参与、获得客户认可的重要机会。被访者清单至关重要，所以团队必须确保关键知识拥有者、不同意见者以及最终执行者都能参与其中。要注意的是：访谈的目的并不只是收集资料，还包括对假设的检验与关系的建立。此外，还要举办阶段汇报会，让大家在会上分享建议报告草案、调查结果以及相关资料，从而确保项目朝正确的方向高效进行。这样，就可以避免在与客户的最后一次汇报会议上，发生预料之外的事情（比如全面推翻观点，不能接受），所发生的只是积极地讨论计划的执行及其影响。

- 项目结束后。咨询项目的取得常常取决于**客户关系**而不是一份项目建议书。对此，顶尖咨询公司都很清楚。因此，这里的关键就在于保持长期的关系。在麦肯锡，这是首要问题。每位客户都有一名负责客户关系的合伙人，他了解客户高层管理团队并会在项目完成后继续跟进，这既能确保项目确实

麦肯锡每年对副董事（Associate Principle）及以上职位的评估，都会包括对其负责客户的高管的了解程度和信任程度。

产生了影响，也能讨论其他可继续帮助客户实现企业目标的方法。

规则二：提供具体的改进建议

该项规则提醒我们要牢记咨询顾问的首要目标就是帮助客户。显然，引导我们开展分析工作的假设在经证实后会成为建议。不过，关于针对性的要求并不明显。在初级咨询顾问要确定最终定稿方案时，这方面正是他们颇感为难的地方。

正如本章之后要阐述的那样，每套最终方案都应该有一个核心思想。该核心思想可能存在于组织所寻求的某种变化中（如战略布局的改变、经营的改善、知识共享的增加、成本的降低或其他方面的改变），或存在于所提议变革的财务影响中，或存在于其他组织构建中。

下一步就是要给出一套更为具体的方案（大体上不超过三个）。项目的研究结果成为这些方案的理论指导，而拟议的策略则可能成为执行计划。虽然每一个项目都有其自身特定的一套方案，但所有的执行步骤都依赖于“为什么”和“怎么办”的信息支持。接下来我们将讨论如何创作故事并讲述故事。

规则三：讲述一个好故事

要到项目结束时才举出最后论点吗？其实不是！正如我们讨论过的那样，你和你的团队成员从一开始就应该致力于总论点和相关辅助材料（参见第5章）。故事的创作是一个往复的过程，而且到项目结束时，故事经发展会转变为研究结果和结论。最后，这些要经过第6～8章中所讨论的检验而成为最终建议。

“故事”这一概念在麦肯锡是一个常见的术语，每个项目都有故事或者说总论点。而且，所有故事都以共同的基本要素开场：项目情况、复杂性和解决方案。项目组必须清楚项目所处的情况和复杂性（项目委托书会给出部分内容），然后构建并检验假设，最终形成解决方案。越多考虑战略制定和组织架构，就越能收集到更有效的数据，因为你更关注的是收集那些相关的数据。故事的最初意图以及芭芭拉·明托所传授此类概念的方法往往只要对项目内容、逻辑进行介绍。这样，读者就可以事先了解背景情况和复杂性，而解决方案就是对关键问题的回答。

芭芭拉·明托在麦肯锡的教学培养了一批能干的专业人员，他们非常擅长用金字塔法则进行有效分析。她还强调了充分准备与客户进行的每次沟通的重要性。她有一个重要宗旨，同时也是麦肯锡的宗旨：先提出建议（考虑到结论的敏感性，有时需要先构建项目建议书，但这种情况并不多见），接着要给出支撑性的调查结论、数据。这与很多顾问、主管以及学生所提出的传统方法截然不同。传统方法更倾向于了解情况，展开分析，一步步推理得出研究结果，再给出建议书。如果从客户角度来考虑，那么麦肯锡的方法论更为有效；作为受众，客户可能更喜欢这样结论为先的沟通方式，因为这样能直达主要论点，并有结论和事实的支撑。这种展示方式更容易理解，当然也有更好的效果。

我喜欢用来证明该观点的例子来自芭芭拉·明托的

畅销书《金字塔原理》。她已欣然同意我使用该例子：

你收到过或写过类似这样的信息吗？

“约翰·柯林斯打电话来说不能出席三点钟的会议，哈尔·约翰逊说他不介意晚点开或是明天开，但十点半之前不行。而唐·克利福的秘书说克利福要到明天才能从法兰克福回来，会晚些到。明天的会议室已被预定，不过，周四未被预定。星期四上午11点似乎是个不错的时间。对你来说可以吗？”

如果首先说出要点，然后用数据进行支撑，那么就当按如下方式叙述：

“能否把今天的会议重新安排在周四上午11点？这样，不仅对柯林斯和约翰逊方便，而且克利福也能出席。”

能发现其中的奥秘吗？你可以想象这对包含50张幻灯片、为期3个月、耗资300万美元的项目是多么重要。

当然，按金字塔法则来组织观点，不仅会花很多时间，而且有可能是个往复过程。在组织观点时，必须牢记以下三条引自芭芭拉 · 明托的规则：

- 任何层级的观点都应该是对其下层观点的总结。
- 同一层级的观点总结的高度必须一致。
- 同一层级的观点必须按逻辑顺序排列。

我还得到另外几条建议，对正在学习使用该方法论的学生和咨询顾问可能有些帮助：

- 时刻关注你的客户。尽可能多地了解你的客户，包括其教育背景、在机构中的任期、头衔、偏好和对建议可能的反应（消极的、中立的或积极的反应），但不要仅限于此。另外，要适时进行调整！
- 用客户的语言。事实上，许多客户对“咨询的说话方式”有一种蔑视，他们更喜欢能说自己母语的外人。所以，对于故事和建议的初稿要格外谨慎，尽量不要使用过多的“假设”。我知道客户对“假设”这一术语很反感，他们有时会认为你没有进行充分的分析，就试图过早地给出答案。

- 运用灵活的演讲方法。演讲和会议都会面对来自不同背景、不同偏好的观众。所以，必须分配好幻灯片和演讲的比例，以便每个人都可以获得一些信息。金字塔法则的魅力就在于，只需提供一些高层次信息和不同层次的细节就可做到这一点。

操作攻略

在TEAM-FOCUS模型中，提炼要素的操作攻略包括如下几方面。

- 攻略37：讲述一个故事，简单介绍项目的情况和复杂性，之后要提供解决方案中最为重要的部分。
- 攻略38：提前与客户及团队分享故事，以便获得客户的见解和认可。

- 攻略 39：故事要简洁，重点是本质问题和具体的改进建议；故事应包含对机构的影响预期。
- 攻略 40：学会从中寻找乐趣。

实战故事

实战故事一：时刻瞄准终极目标

这一实战故事来自我的一位朋友。他曾是德勤的合伙人，后来又到了 Infosys 咨询公司。在该公司，他遇到了一个很棘手的项目，直到最后使用金字塔法则才找到解决方案。

我曾经与人合伙参与一家总部在欧洲的大型全球汽车供应商的一个 IT 成本效益项目。我们的目标是评估客户信息技术的成本并提出修改意见。可以想象，对于一家实施分权管理的公司而言，这是一项很敏感的任务。在真正整理好思路之前，我们就浏览了大量表格、报告和网上数据库中的成本信息，结果咨询团队很快陷入了困境。因此，我们只好退回去，从头开始。

我们开始按照最终要提交给客户的结论来组织思路，采用了“情况—复杂性—解决方案”的方式。我们面对的是一个拥有有效商业模式的客户。在做了一些行业调研后，我们了解到项目的复杂性在于客户对信息技术方面的投入占其收益的比例比其竞争对手要高得多。项目的关键问题是怎样更好地使客户的投入与对手相一致。我们建议客户在维持或提高服务水平的同时，在信息技术方面降低 30% 的投入。

扩大这种结构会使更多小问题需要界定。其中，每个小问题都包含多重假设，而这些假设都是关于目标实现的建议。所收集到的资料或是证明或是推翻这些假设，那些被证明的假设就变成了执行建议。运用这种逻辑分解方法的益处是双重的。首先，它能组织思路，把数据收集的重点放在对假设的检验上，并且能确保我们用 MECE 原则去完成项目。其次，在向客户管理层提交方案时，考虑到我们所提出的一些建议的争议性，使用该方法可以清楚地解释我们的结论，其逻辑性更容易让客户接受建议。

实战故事二：让客户参与进来

据阿诺德·贝尔纳特回忆，客户参与对于他在麦肯锡所从事的一个早期研究项目十分重要。

当最后期限就快临近时，你可能还在精炼你的分析或添加更多的论据来支持论点，如果你未能获得客户的认可，那么你就是在冒在下一次阶段汇报会上遭遇失败的风险，即便你做好了让人印象深刻的幻灯片。这一切如同在没有地图的情况下穿越雷区，而获得客户的认可往往被新手忽视。随着参加项目的人员和隐性议题越来越多，这一问题也变得越来越重要。

记得在我担任经理后不久所从事的一个咨询项目，该项目要求重新评估欧洲一家大金融公司的企业银行业务部的产品组合和市场准入方式。由于包含了众多议题，所以项目的构建异常困难，而且由于客户构成复杂，所以对项目的管理也面临实际挑战。要说服部门负责人并不难，因为是他先找到我们的。不过，要赢得他手下那些关键职员的信任就不那么容易了，因为只要他们想打乱项目进程，他们就完全有能力做到。

要预先了解这些人并不容易。因为，这些人中不仅包括处于公司领导层的关键人物，还有一些非常有影响力的销售人员。对他们中的一些人，我们开始时并未充分接触。我投入了大量的时间与他们会谈，确保准确知道他们来自哪里、有什么想法及其形成基础是什么。我和副手随时向他们汇报情况以求大家想法一致。在阶段汇报会上，我们也经常和他们进行一对一的访谈，以确保事先消除所有隐患。考虑到时间的紧迫性，这是在审核过程中获得认可和避免无节制争论的唯一方法。

实战故事三：金字塔法则

作为塞夫韦公司负责战略的高级副总裁，肯·萨契穆特目前正在实践从麦肯锡所学到的知识。据他所说，芭芭拉 · 明托的理论对他产生了非常大的影响。

记得麦肯锡一直在反复强调三条经验：严谨分析；集中关注那些对业务和总裁都重要的事；做到学术诚实。另外，我不得不说最重要的收获可能是公司对书面和口头沟通的重视。作为芭芭拉 · 明托所说的福音，金字塔法则是麦肯锡进行分析和演讲的基石。我现在经常运用金字塔法则分析问题，并期望我的员工也能灵活运用。

商学院案例：必须获得客户团队关键成员的认可

这一实战故事来自一位特殊学生，我们曾一起在美国印第安纳大学凯利商学院工作。彼得是我的研究助理，在 MBA 期间是一位杰出的领导者。他是项目中的明星，尤其是在案例竞赛和实战研究中。毕业后他主管麦肯锡在亚特兰大分部的主要事务。

从到凯利商学院读 MBA 的第二年起，弗里嘉博士就挑选我加入某个学生团队，与麦肯锡以及地铁亚特兰大基督教青年会一起开展为期一周的一个公益项目。基督教青年会让我们设计一个会员发展战略，借助于交叉渠道将临时的项目成员转为稳定的后勤人员。我们想给基督教青年会带去点变化。根据其资源和制约因素，我们计划提供一个可执行的解决方案。在一周的时间里，为了明确前进的方向我们找寻了几个资料来源。

虽然客户资料调研和数据分析都很重要，但最有价值的还是客户，即基督教青年会销售主管贝特西。贝特西比我们更了解状况：谁是主要的决策者？对于给出的任何建议，我们将面临怎样的障碍？每一步我们都和贝特西一起讨论，贝特西还帮助我们获得资料，确定可行的解决方法，从而为基督教青年会设计出最优的一套解决方案。简而言之，在没有获得客户参与和认可的情况下，提炼这一步骤是不可能实现的。

在准备最终汇报时，我们根据观众设计了适合的故事。贝特西和我们的主管经理都通知我们：观众来自基督教青年会和麦肯锡公司各个层次，从青年会的后勤管理、执行总裁，到麦肯锡的项目经理、合作伙伴和一名主管。由于没有事先从他们那里获得太多的认可，所以我们决定先介绍背景以便他们了解最新情况，之后再提出我们的建议。

我们的演讲很成功。故事最引人注目之处就是贝特西以及她对我们计划的极大热情。通过全过程的密切合作，贝特西也成了我们方案的拥护者，从而大大提高了我们演讲的可信度。从中我们学到了一个简单的道理：获得认可非常重要。最终，青年会采纳并实施了我们的一项建议，麦肯锡也随后开始了该项建议所派生的另一公益研究项目。

案例研究

该案例研究的最后报告揭示了几条重要的经验教训：在整个过程中，应尽早开始总体论证；应定期记录和分享你的幻灯片；不要等到最后一分钟才完成你的幻灯片。

实践

尽管在整个研究过程中我们组织得很有条理，但要把每个人的相关信息都放到幻灯片里，并把这些幻灯片及时地整合在一起，可不是件易事。沙丽妮和瑞其塔自告奋勇收集每个人的幻灯片，并把它们编辑成一个合乎逻辑的、连贯而有凝聚力的演讲。但是，我们都有点不愿意放手，因为我们想完成自己的幻灯片。我记得瑞其塔说过：收集幻灯片犹如给我们“拔牙”。他们最终不得不打电话给我们，让我们把幻灯片发给他们，不管完成情况如何。

我们最终把幻灯片发给了沙丽妮和瑞其塔。不过，他们花了大量的时间来构建故事。即便在整个研究过程中，大家在一起不断地提炼故事，但仍无法弄清楚该如何呈现出最佳的效果。其中，我们不得不考虑观众的接受程度。因担心观众可能会怀有敌意，所以我们计划建立我们的观点，而不是偏离重点去攻击他人。对于最终用坏消息即高税收结尾，虽然弗里嘉博士有保留意见，但最终我们仍决定采用基于建议和意义的演讲。我们所做的另一个决定是分别阐述每一类问题，而不是做个笼统但更为精简的演讲。通过对问题的分别阐述，观众就较为容易思考合并或兼并对各类问题的影响。

回顾整个提炼阶段，我记得最清楚的是一直拖到最后的紧张的准备工作。之所以拖到最后，并不是因为收集资料晚了，而是因为直到最后才完成书面结论。弗里嘉博士想要检查一下我们完成的幻灯片，随后又做了很多修改，包括幻灯片的内容和顺序。因为他收到幻灯片比较晚，所以直到演讲前一小时他才发给我们修改后的幻灯片。这样，我们几乎没有时间演练。在我们驾车去做演讲的路上，舒柏瓦将幻灯片念给司机听，其他成员则在汽车后排编辑和组织书面文件。当时，我们都极度紧张。现在想来真是好笑，我想这次经历就是弗里嘉博士所说的"真正的生活"。

尽管我们的准备工作一直拖到最后时刻，甚至没有办法查阅完所有的幻灯片，但演讲却非常成功。不过，我们的确遭到了观众们连珠炮似的质问。许多观众很难把他们的情感和事实区分开来，而这的确是一个私人的、充满感情色彩的问题。通过这个项目，我所得到的最大收获就是目睹当观众越来越激动时，弗里嘉博士是如何为我们的演讲进行辩护的：他提出自己的观点，但并不争论；他知道什么时候该放手，什么时候该继续前进。事实支撑观点，而清晰的论证又在那一天赢得了许多观众。

心得

通过这个项目，我意识到即使你了解所要讲的故事，但实际上，有序安排幻灯片并使其流畅仍是一个挑战。借助幻灯片来讲故事是一门艺术，所需的时间比你想象的要多得多。将来，我一定预留更多的时间用于准备最终幻灯片。

出于需要，我也的确了解到：在没有实践和压力的环境下，虽然有可能完成演讲，但肯定不是最好的。时间紧迫往往会使人更加兴奋地工作，压力就是最大的动力，但今后我会好好计划，尽量减少项目最后阶段的那种混乱情况。

交付件

CG2020

关于森特格罗夫合并事宜的研究

保罗·弗里嘉博士
克里斯·坎农
艾伦·伯利森
蒂姆·克日维茨基
沙丽妮·玛卡
舒柏瓦·沙阿
瑞其塔·森德

2007年4月24日

本项目属于学术性公益研究项目。本研究报告是某大型讨论报告的一部分，已制定了假设并收集了用于分析的相关数据。未经保罗·弗里嘉博士的允许，不得引用或使用。

项目纵览

■ 介绍
- ◎ 由凯利商学院教师和学生组成的团队对森特格罗夫的合并事宜进行了调查。
- ◎ 该公益研究项目历时一年，包括客户资料和第三方资料的调研。
- ◎ 森特格罗夫是一个具有很多优势的高档社区，但因增长过快，面临着一些挑战：兼并或合并。

■ 结论
- ◎ 合并能提高社区的安全、改善道路状况。
- ◎ 合并能完善重要服务设施，如警力配备、垃圾处理、供水等服务。
- ◎ 合并能扩大当地社区的控制权限，会使绿地增加、经济发展加快。

■ 实施
- ◎ 合并虽要花费几年时间，但会产生长期的积极影响。
- ◎ 通过贷款和债券融资，合并在财政上是可行的，但需要提高税收。
- ◎ 合并也存有风险和挑战。

图 9-1 提炼：最后报告

项目纵览

■ 介绍

◎ 由凯利商学院教师和学生组成的团队对森特格罗夫的合并事宜进行了调查。

◎ 该公益研究项目历时一年，包括对客户资料和第三方资料的调研。

◎ 森特格罗夫是一个具有很多优势的高档社区，但因增长过快，面临着一些挑战：兼并或合并。

■ 结论

◎ 合并能提高社区的安全、改善道路状况。

◎ 合并能完善重要服务设施，如警力配备、垃圾处理、供水等服务。

◎ 合并能扩大当地社区的控制权限，会使绿地增加、经济发展加快。

■ 实施

◎ 合并虽要花费几年时间，但会产生长期的积极影响。

◎ 通过贷款和债券融资，合并在财政上是可行的，但需要提高税收。

◎ 合并也存有风险和挑战。

项目跨度一年

凯利商学院的使命：改变个人、组织和社区

2006年2月：弗里嘉博士和33位MBA学员开始关于约翰逊县的研究

弗里嘉博士继续进行研究并会见了许多市民和县领导

2007年2月：弗里嘉博士与33位新MBA学员研究白河镇问题

2007年4月：来自凯利商学院的6人团队完成综合报告

介绍　结论　实施

图 9-1 （续）

白河镇以高收入和高房产价值而闻名

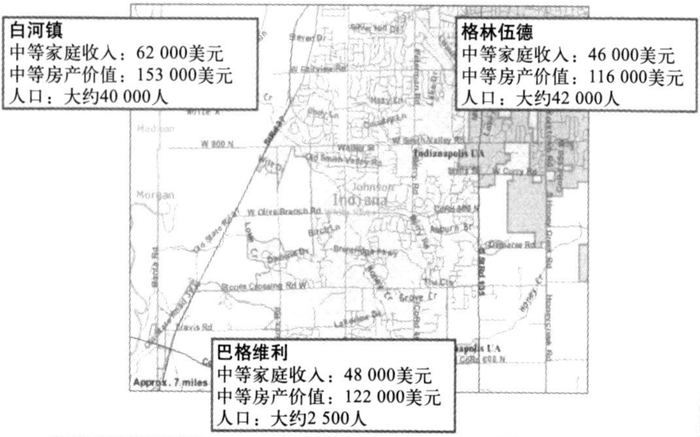

介绍 | 结论 | 实施

资料来源：美国人口普查与城市网站。

白河镇地区有许多高收入家庭

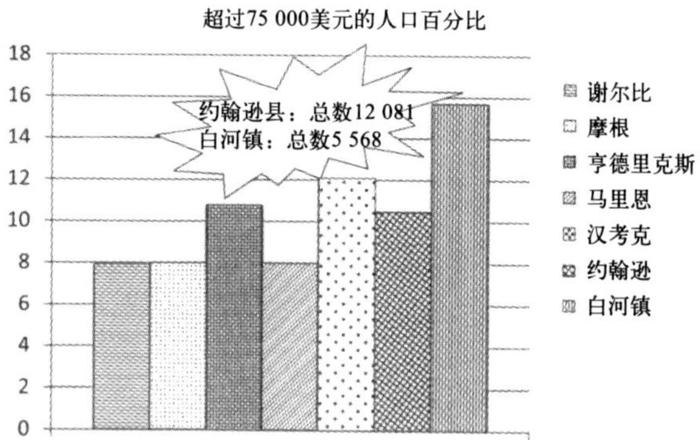

介绍 | 结论 | 实施

资料来源：美国人口普查。

图 9-1 （续）

森特格罗夫以具有吸引力的人口构成为傲

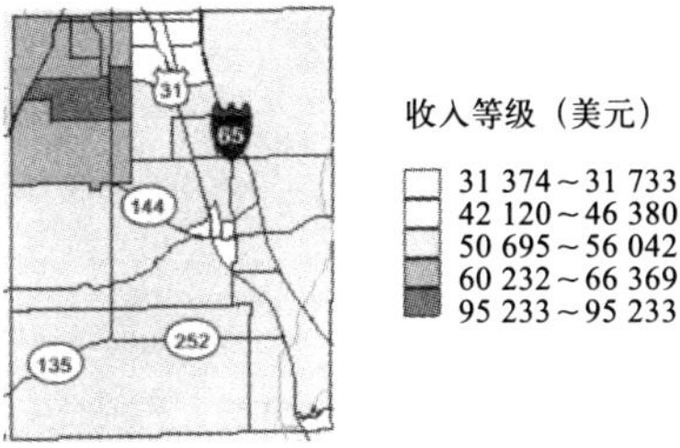

介绍　　结论　　实施

白河镇略胜一筹

人口构成普遍特征	白河镇	约翰逊县	印第安纳州
住房价值低于100 000美元	12.7%	31.5%	55.3%
住房价值在100 000～200 000美元	61.6%	54.7%	36.4%
住房价值高于200 000美元	25.6%	13.8%	8.3%

介绍　　结论　　实施

资料来源：www.centergrove.k12.in.us.

图 9-1（续）

白河镇发展快

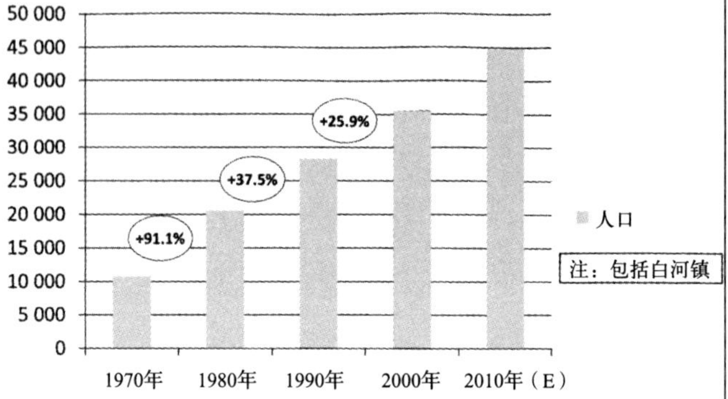

介绍 | 结论 | 实施

资料来源：美国人口普查（2010年的数据是从前10年的人口增长率推算出来的）。

对三个主要问题的调查

当尚未合并区域面对如此快速严峻的人口增长时，我们的调研反映了三个重要的考虑因素：

- 人口增长对道路会产生什么样的影响？
- 如何提高服务来满足人口增长的需要？
- 发展是否会减少绿地面积、给经济带来负面影响？

最终的目标是维持该地区的生活质量、增加房产价值。

介绍 | 结论 | 实施

图 9-1 （续）

我们考虑了几个合并选择

选择	有利之处	不利之处	评论
维持现状：非合并状态	不花时间、精力或额外资源	过多精力用于处理增长和保持房产价值	通过本次研究，进行深入调查并借鉴Carmel和Avon的案例
并入格林伍德	不需要建很多行政用基础设施	格林伍德规模将会扩大到两倍，且其未对此表示过兴趣	虽然已许诺，但仍需格林伍德在战略上做出重大调整，因此可能会导致森特格罗夫的阻挠
并入巴格维利	可利用现有警力、废物和水质服务设施	政府结构需要大调整：20倍的增长将很艰难（可能是印第安纳州历史上最大的兼并）	巴格维利可能会有兴趣，但可能会花很长时间，且会遇到来自森特格罗夫的阻力
设立为新城	崭新的开局会使战略战胜命运	需要有远见的领导和重大的投资，还需要建立新的税收体系	要考虑到民众可能抵制改变，从而失去长期发展的机会

介绍　　结论　　实施

关切两个方案：保持现状和选择性兼并

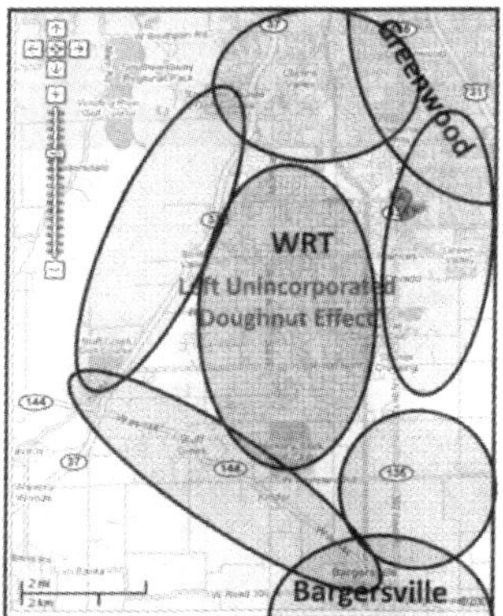

1. 格林伍德只兼并1-37走廊

- ■可能成为未来的商业中心
- ■产生长期的面包圈效应
  - ◎犯罪率可能提高
  - ◎服务恶化
  - ◎服务成本大于新的税收
- ■需要投入更多的钱以避免长期性问题

2. 巴格维利只兼并144、145和印第安纳37

- ■产生长期的面包圈效应
- ■他们能支撑新的容量吗？
- ■服务的单位成本可能增加

介绍　　结论　　实施

图9-1（续）

项目纵览

■ 介绍

◎ 由凯利商学院教师和学生组成的团队对森特格罗夫的合并事宜进行了调查。

◎ 该公益研究项目历时一年，包括客户资料和第三方资料的调研。

◎ 森特格罗夫是一个具有很多优势的高档社区，但因增长过快，面临着一些挑战：兼并或合并。

■ 结论

◎ 合并能提高社区的安全、改善道路状况。

◎ 合并能完善重要服务设施，如警力配备、垃圾处理、供水等服务。

◎ 合并能扩大当地社区的控制权限，会使绿地增加、经济发展加快。

■ 实施

◎ 合并虽要花费几年时间，但会产生长期的积极影响。

◎ 通过贷款和债券融资，合并在财政上是可行的，但需要提高税收。

◎ 合并也存有风险和挑战。

有相当数量的未合并道路

未合并的约翰逊县的总里程：617英里[①]

白河镇的总里程：188英里

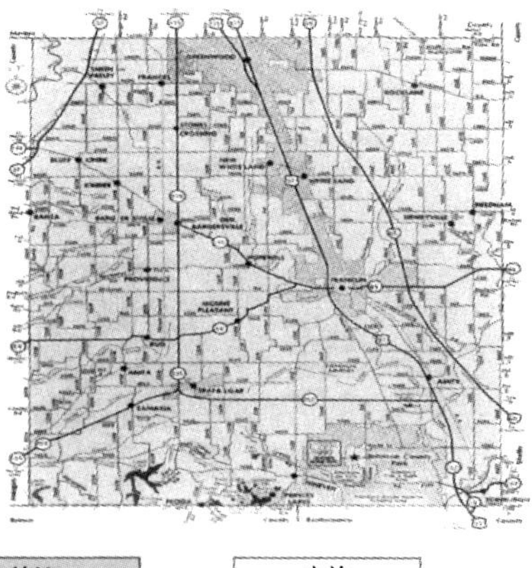

介绍 | 结论 | 实施

① 1英里＝1 609.344米。

资料来源：www.jcdc.org.

图 9-1（续）

道路现状有待改进

警方禁止在非合并道路上超车

公民抱怨道路上的坑洞和交通拥挤

介绍 | 结论 | 实施

安全是公众关注的另一重要领域

不到一周的时间就发生两起撞车

在许多十字路口，许多民众都差点经历撞车

按照INDOT危险指数等级，每6 000多起撞车事故中，就有1 009起发生在碎石十字路口

当地居民和政府试图通过筹集资金的方式来完善路面情况[①]

介绍 | 结论 | 实施

① 公众和县领导者正在尝试募集100万美元来改善目前的状况。

资料来源：2007 Daily Journal Software.

图9-1（续）

唯一大问题是资金匮乏

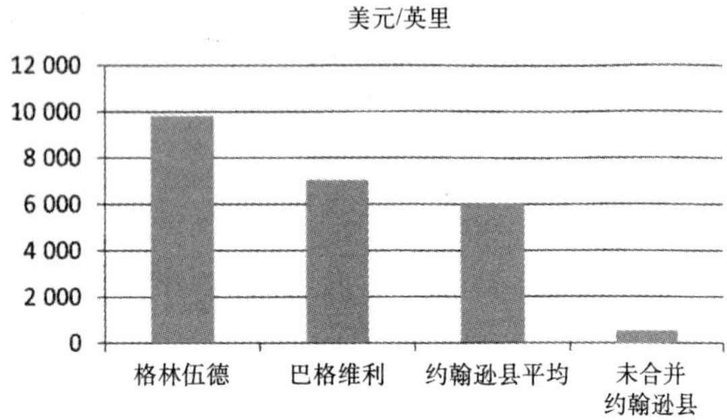

介绍 | **结论** | 实施

合并将增加道路建设资金投入

	现状：未合并的约翰逊县	合并后的白河镇	格林伍德	巴格维利
机动车辆公路税	421 000	800 000	**1 409 000**	459 000
地方道路和街道税	0	600 000	**730 000**	328 000
加速机动车辆公路税	9 000	40 000	**70 000**	23 000
加速地方道路和街道税	0	120 000	**141 000**	65 000
总计	430 000	1 560 000	**2 350 000**	875 000
融资/英里	**696/m**	**8 297/m**①	9 325/m	**8 454/m**

介绍 | **结论** | 实施

① 可能会进一步增加，这里没有做特别评估（比如轮胎税等）。

资料来源：印第安纳县、市、镇高速公路收入、分配和费用摘要。

图 9-1（续）

合并后白河镇可提供的融资选择

1	轮胎税
2	桥基金
3	机动车辆公路税
4	地方道路和街道税
5	当地公路选择
6	当地通行税

介绍　结论　实施

资料来源：印第安纳县、市、镇高速公路收入、分配和费用摘要。

白河镇目前的警力覆盖率低

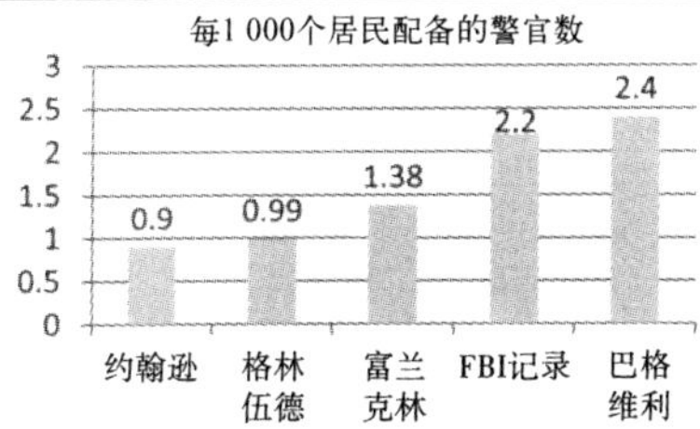

	约翰逊	格林伍德	富兰克林	联邦调查局记录	巴格维利
人口(2005年)	40 000	42 236	21 747		2 461
道路上的警官	36	42	30		6
每1 000人拥有数	0.9	0.99	1.38	2.2	2.44

介绍　结论　实施

资料来源：www.city-data.com, http://www.jcdc.org.

图 9-1（续）

建议的警力应显著增高①

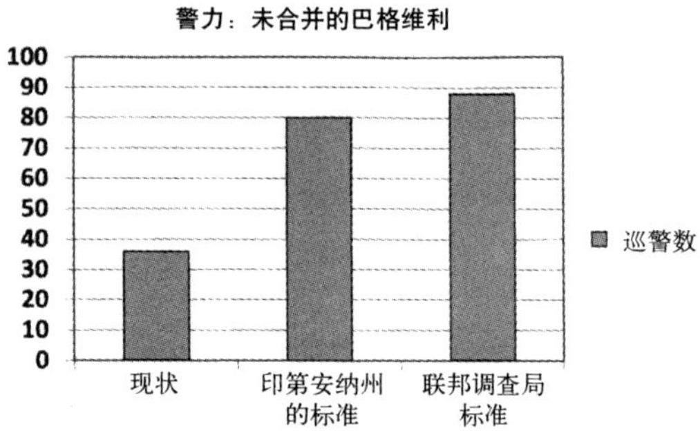

介绍　　结论　　实施

① 联邦调查局标准是每4人配备2.2名警力，而印第安纳州的标准是0.2。

资料来源：访谈；印第安纳州统计；印第安纳执法科学院标准。

需要提高水和垃圾处理的能力

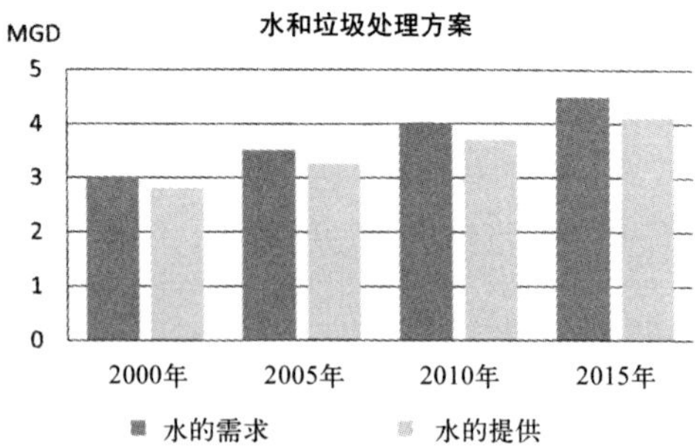

介绍　　结论　　实施

资料来源：censtats. census.gov/data/in/0601808183924. pdf.水和废物增长的预测信息。

图 9-1 （续）

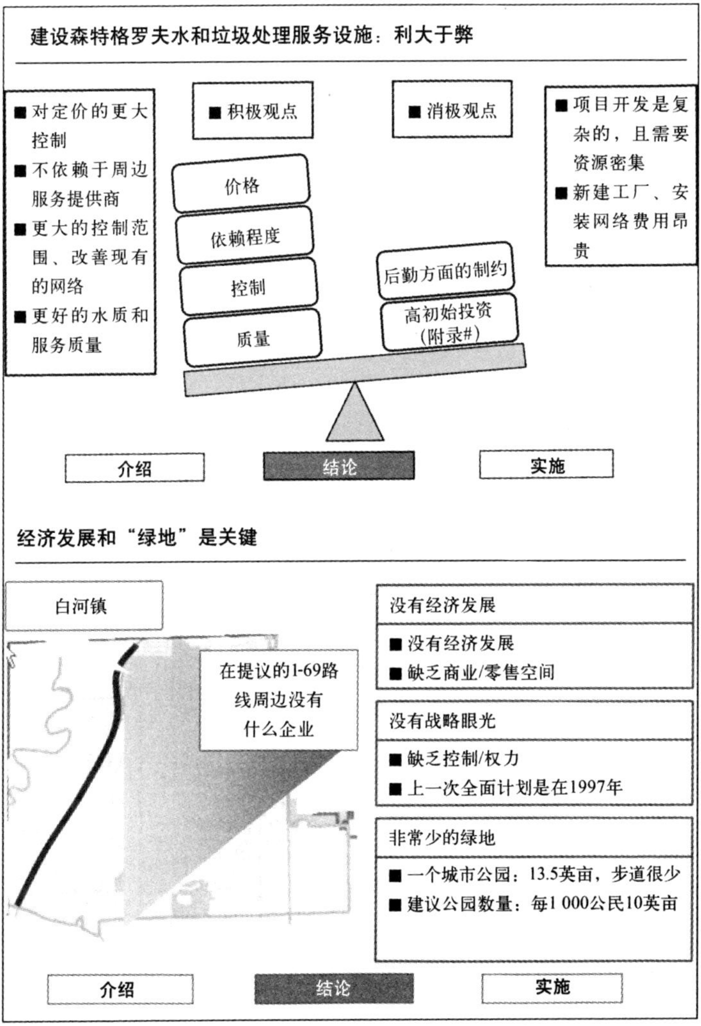
建设森特格罗夫水和垃圾处理服务设施：利大于弊
■ 对定价的更大控制
■ 不依赖于周边服务提供商
■ 更大的控制范围、改善现有的网络
■ 更好的水质和服务质量
■ 积极观点
■ 消极观点
价格
依赖程度
控制
质量
后勤方面的制约
高初始投资（附录#）
■ 项目开发是复杂的，且需要资源密集
■ 新建工厂、安装网络费用昂贵
介绍
结论
实施
经济发展和“绿地”是关键
白河镇
在提议的I-69路线周边没有什么企业
没有经济发展
■ 没有经济发展
■ 缺乏商业/零售空间
没有战略眼光
■ 缺乏控制/权力
■ 上一次全面计划是在1997年
非常少的绿地
■ 一个城市公园：13.5英亩，步道很少
■ 建议公园数量：每1 000公民10英亩
介绍
结论
实施

图 9-1（续）

格林伍德拥有许多公园和步道

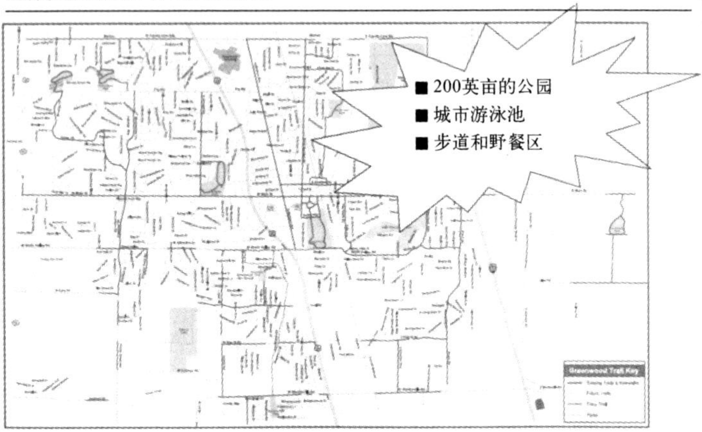

介绍　**结论**　实施

白河镇最新的综合计划

约翰逊县综合计划（1997年）

- ■ 白河镇预计成为约翰逊县人口最多的镇
- ■ 居民要注意以下娱乐注意事项：
  - ◎ 该乡镇迫切需要娱乐用土地
  - ◎ 需要解决行人流通问题并规划今后的发展
  - ◎ 需要铺设人行道以与街道的使用形成对照
  - ◎ 维持乡镇目前的住宅性质

介绍　**结论**　实施

资料来源：约翰逊县全面计划，印第安纳州，1997年4月采用。

图 9-1（续）

10年前曾讨论的想法仍未执行

为白河镇专门设计公园系统

◎ 位于白河湿地的地方公园
◎ 四座无明确地点的社区公园
◎ 三家线性排列公园直接连接所提议建设的公园、学校等目的地

介绍 | **结论** | 实施

资料来源：约翰逊县全面计划，印第安纳州，1997年4月采用。

森特格罗夫寻求成为全面型社区

职能完善的社区

■ 小型企业 ■ 购物中心 ■ 餐馆 ■ 旅馆	■ 医院 ■ 私人诊所 ■ 药店	■ Wi-Fi咖啡馆 ■ 电影院 ■ 娱乐中心 ■ 水上公园	■ 银行 ■ 金融 ■ 租赁服务

如果不能迅速采取行动将无法取得足够的用地

介绍 | **结论** | 实施

图 9-1 （续）

项目纵览

■ 介绍

◎ 由凯利商学院教师和学生组成的团队对森特格罗夫的合并事宜进行了调查。

◎ 该公益研究项目历时一年，包括客户资料和第三方资料的调研。

◎ 森特格罗夫是一个具有很多优势的高档社区，但因增长过快，面临着一些挑战：兼并或合并。

■ 结论

◎ 合并能提高社区的安全、改善道路状况。

◎ 合并能完善重要服务设施，如警力配备、垃圾处理、供水等服务。

◎ 合并能扩大当地社区的控制权限，会使绿地增加、经济发展加快。

■ 实施

◎ 合并虽要花费几年时间，但会产生长期的积极影响。

◎ 通过贷款和债券融资，合并在财政上是可行的，但需要提高税收。

◎ 合并也存有风险和挑战。

合并过程的步骤

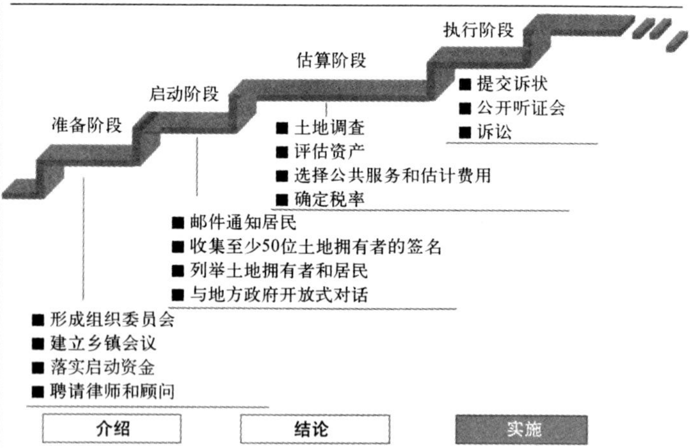

资料来源：www.IN.gov.

图 9-1 （续）

合并区域的可能界限

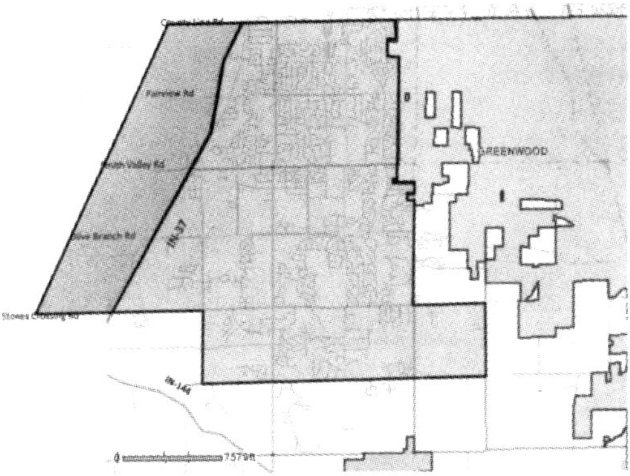

这可能需要得到周围3公里范围内城市的许可

介绍　　结论　　实施

白河镇在约翰逊县拥有最高的财产估值

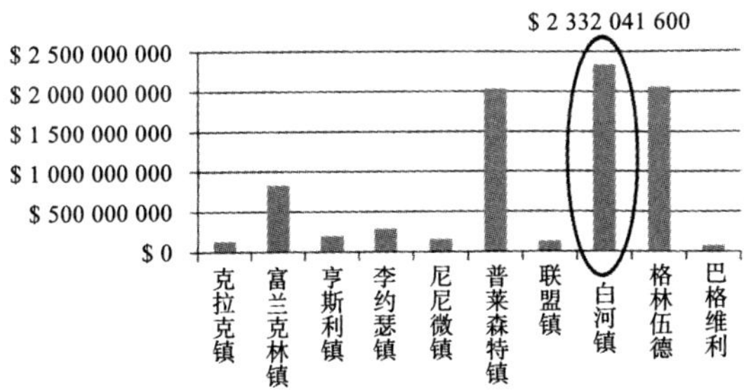

介绍　　结论　　实施

资料来源：2005年约翰逊县税收评估记录——合并区域的价值可能会降低。

图 9-1（续）

但只募集到少量的服务用资金

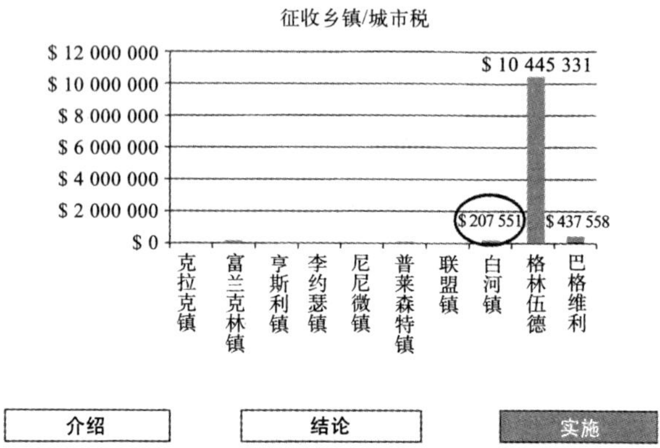

资料来源：约翰逊县财政模型。

低税率 = 较少的服务用资金

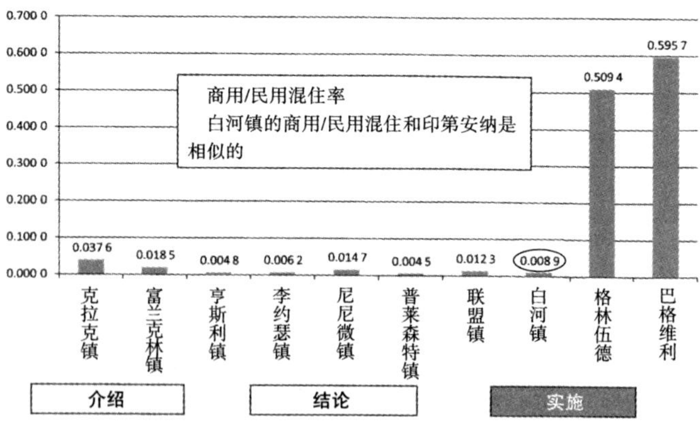

资料来源：约翰逊县税收记录。

图 9-1（续）

森特格罗夫没有征收或使用市税（除乡镇以外）

白河镇——未合并

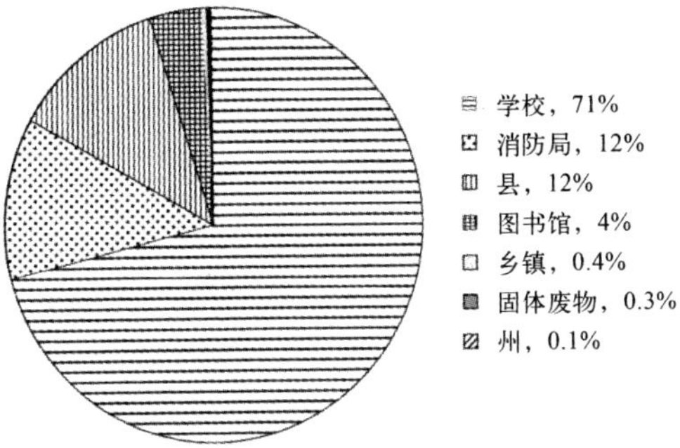

介绍 | 结论 | 实施

通过发行市政债券来筹集资金

市政债券利率较低，在4.750%的范围内

市政债券投资者不支付州或联邦税的利息，因此收益率低于类似风险的公司债券

债券保险可以把等级提高到AAA级，并进一步降低利息支付

在大多数州，城市可以抵押高达总估值15%左右的债券

介绍 | 结论 | 实施

图9-1（续）

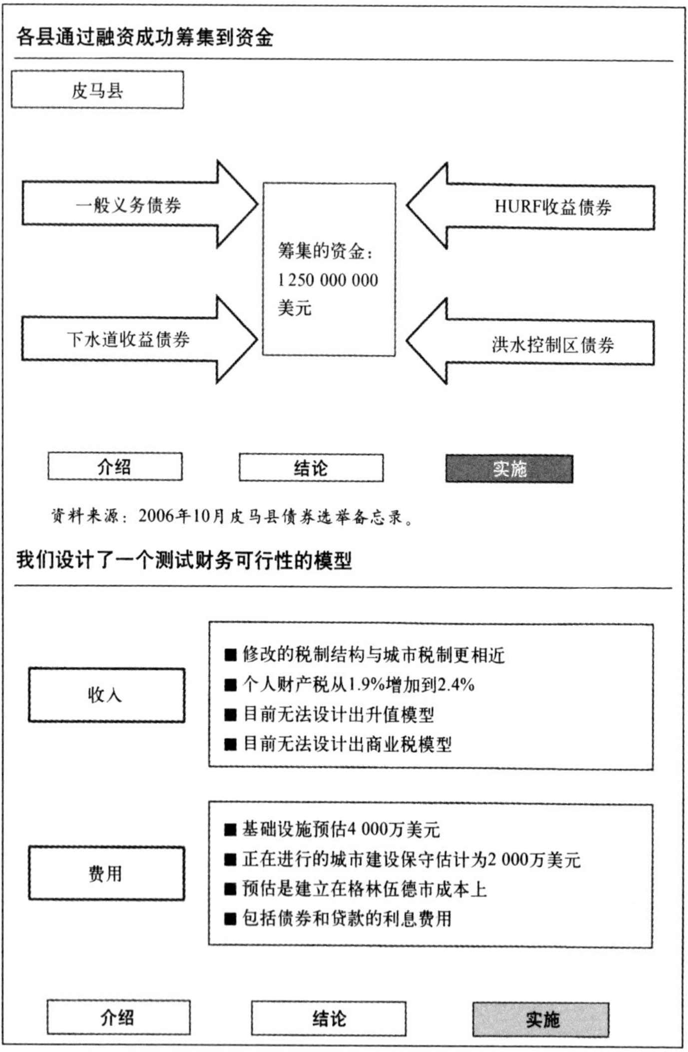
各县通过融资成功筹集到资金
皮马县
一般义务债券
HURF收益债券
筹集的资金：
1 250 000 000
美元
下水道收益债券
洪水控制区债券
介绍
结论
实施
资料来源：2006年10月皮马县债券选举备忘录。
我们设计了一个测试财务可行性的模型
收入
■ 修改的税制结构与城市税制更相近
■ 个人财产税从1.9%增加到2.4%
■ 目前无法设计出升值模型
■ 目前无法设计出商业税模型
费用
■ 基础设施预估4 000万美元
■ 正在进行的城市建设保守估计为2 000万美元
■ 预估是建立在格林伍德市成本上
■ 包括债券和贷款的利息费用
介绍
结论
实施

图 9-1（续）

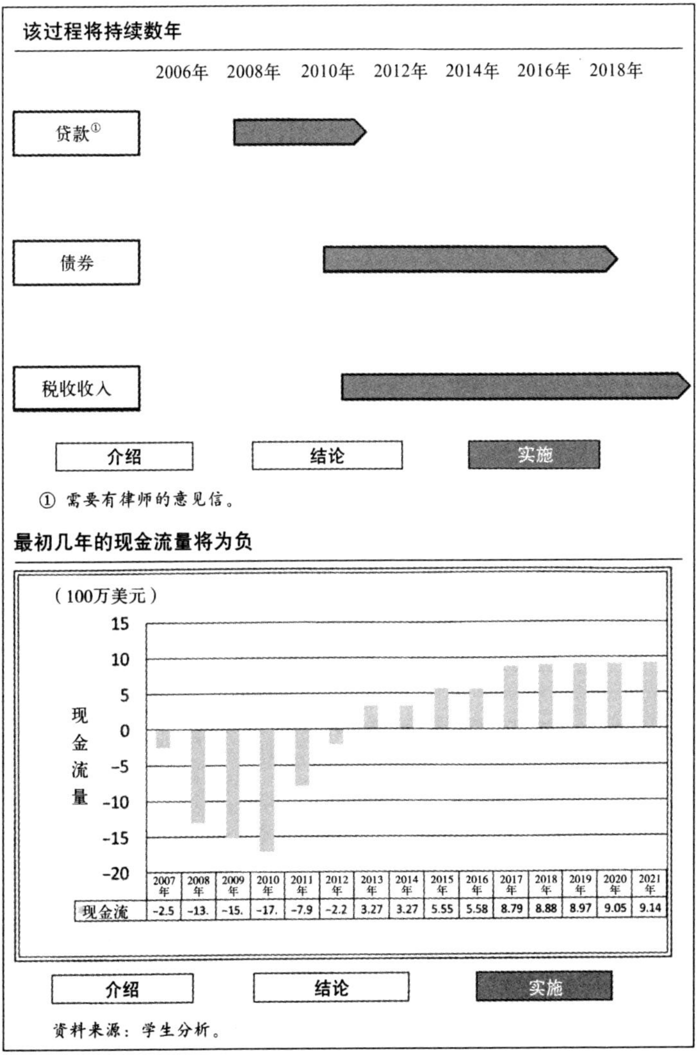
该过程将持续数年
2006年 2008年 2010年 2012年 2014年 2016年 2018年
贷款①
债券
税收收入
介绍
结论
实施
① 需要有律师的意见信。
最初几年的现金流量将为负
（100万美元）
15
10
5
0
-5
-10
-15
-20
现金流量
2007年 2008年 2009年 2010年 2011年 2012年 2013年 2014年 2015年 2016年 2017年 2018年 2019年 2020年 2021年
现金流 -2.5 -13. -15. -17. -7.9 -2.2 3.27 3.27 5.55 5.58 8.79 8.88 8.97 9.05 9.14
介绍
结论
实施
资料来源：学生分析。

图9-1（续）

模型假设

	利息率
银行贷款	**5.50%**
债券	**4.63%**

	年份	数量（100万美元）
贷款	2007年	**2.55**
贷款	2008年	**15.69**
贷款支付	2010年	**–18.25**

	年份	数量（100万美元）
发行债券	2009年	**60.00**
债券赎回	2021年	**–60.00**

介绍　　结论　　实施

提高资产税看似可负担

对家庭平均年资产税的敏感性分析

- ■房屋平均估价：100 000美元
- ■总资产税率从1.98%增加到2.48%
- ■总资产值增加：0%～50%

	1.98%	**1.99%**	**2.08%**	**2.18%**	**2.28%**	**2.38%**	**2.48%**
0%	$1 980	$1 990	$2 080	$2 180	$2 280	$2 380	$2 480
10%	$2 178	$2 189	$2 288	$2 398	$2 508	$2 618	$2 728
20%	$2 376	$2 388	$2 496	$2 616	$2 736	$2 856	$2 976
30%	$2 574	$2 587	$2 704	$2 834	$2 964	$3 094	$3 224
40%	$2 772	$2 786	$2 912	$3 052	$3 192	$3 332	$3 472
50%	$2 970	$2 985	$3 120	$3 270	$3 420	$3 570	$3 720

介绍　　结论　　实施

图 9-1 （续）

需要克服的重大障碍

挑战	解决办法
缺乏来自当地居民的足够支持	教育居民从而获得他们的支持
缺乏足够的启动资金来支付合并费用	招募志愿者并寻求无偿服务
难以说服该县官员放弃控制权	与该县官员交流合并的好处
可能面临来自当地居民的抗议	确保内部认可并为潜在的诉讼做准备
来自附近城镇/城市的反对	公开对话、确保合作

介绍　　结论　　**实施**

白河镇/森特格罗夫是否愿意为长期利益牺牲短期利益？

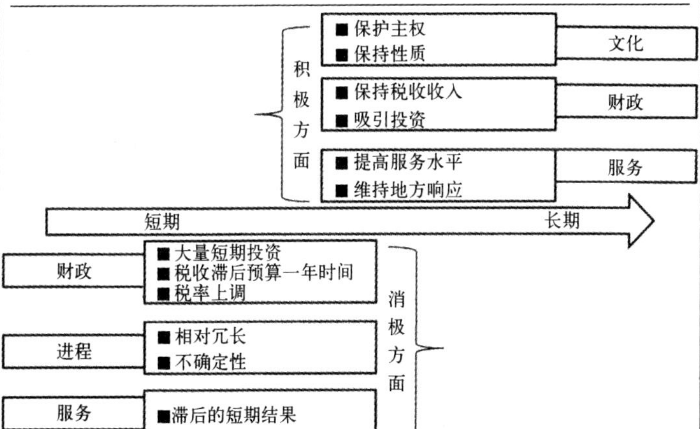

介绍　　结论　　**实施**

图 9-1 （续）

项目纵览

■ 介绍

◎ 由凯利商学院教师和学生组成的团队对森特格罗夫的合并事宜进行了调查。

◎ 该公益研究项目历时一年，包括客户资料和第三方资料的调研。

◎ 森特格罗夫是一个具有很多优势的高档社区，但因增长过快，面临着一些挑战：兼并或合并。

■ 结论

◎ 合并能提高社区的安全、改善道路状况。

◎ 合并能完善重要服务设施，如警力配备、垃圾处理、供水等服务。

◎ 合并能扩大当地社区的控制权限，会使绿地增加、经济发展加快。

■ 实施

◎ 合并虽要花费几年时间，但会产生长期的积极影响。

◎ 通过贷款和债券融资，合并在财政上是可行的，但需要提高税收。

◎ 合并也存有风险和挑战。

图 9-1 （续）

后 记

我真心希望本书对读者有所值。我发现除了自己，还有许多商学院的学生、咨询顾问和管理者也经常使用本书。我的目的是想通过直白而易于掌握的方式来阐述这些理念。构建模型的关键不仅在于对这些理念的理解，更在于实施这些理念。只有整个团队都能意识到并使用这些理念，模型的效果才会最大化。反之，效率和效益的收效就甚微。在此将通过给出简明扼要的观点和实例来说明 TEAM-FOCUS 模型的实施。

在商学院的应用

最有可能受本书影响的领域非商学院莫属。在我对管理学教育的研究中（更不用说在商学院挂职的 11 年），我一直关注课程的变化趋势。过去 20 年的一项重大转变就是实战研究、情景模拟、案例大赛等形式的经验学习急剧增加。本书的观点可能对此有所帮助。

例如，几乎所有的顶级商学院都给学生提供加入咨询团队、解决实际问题的机会。TEAM-FOCUS 模型就是团队在完成这些项目时所使用的方法。本书所提供的最后成果可以作为咨询团队处理项目的模板。对模拟和案例大赛而言，情况也是如此。作为许多此类团队的教练，我发现学生们真正感兴趣的是那些能帮助提高效率的工具——许多案例比赛都以 24 小时内做出幻灯片并进行演示为评判标准。

另一可能受到影响的领域是要做好实战访谈的准备工作。作为一名咨询师，我的职责之一就是为学生准备实战访谈。咨询公司通过实战访谈去了解被面试者的人际交往和分析能力。模型中的 TEAM 篇为解答行为问题提供了答案，并就如何开展实战访谈给出了建议。FOCUS 篇的要素与实战访谈中所采用的结构化分析方法完全相同：面试官会通过某个小型模拟项目，让被面试者在 30～40 分钟内给出答案与建议（这种情况与实际咨询项目很相似，只是形式上更为简洁一些）。前文所提及的那名学生在去一家顶级咨询公司面试时就使用了该框架，结果收效甚好。当被问及如何定义一个优秀团队时，她的回答是该团队必须能够进行良好的沟通、合理及时的考评、不断的协助，并拥有高效的激励体系。面试官十分满意，她最终获得了在这家公司进行夏季实习的机会。

最后，本书的一些素材可以作为管理咨询类核心课程甚至整个 MBA 课程的组成部分。《商业周刊》《美国新闻与世界报道》《策略与商业》等杂志一直以来都强调要提高学生在团队工作、案例分析和自我展示方面的技能，要让他们掌握方法论的应用。借助于案例研究中的工具和模板，本书对上述观点进行了一定程度的阐述。

在咨询公司的应用

另一可能受本书影响的领域是咨询公司。根据我的研究，许多大型咨询公司形成了其内部特有的解决问题的方法。这一点也许与本书中所讲的情况非常相似，至少就公司的战略和操作类型而言是这样的。因此，那些刚入行的咨询顾问可以把本书作为入门资料，从中了解新的职业生涯可能带来的问题。此外，大型咨询公司还可以把本书作为培训公司实习生的入门教材。通过阅读麦肯锡学院丛书，这些理念将会对咨询顾问们的思维模式产生深远的影响。

对于中小型咨询公司来说，它们似乎更有可能应用本书。在过去的几年里，我有幸与印第安纳波利斯的两家中小型咨询公司进行过合作，它们似乎在其解决问题的核心方法中较好地引入了本书中的许多理念。

第一家是 Adayana 公司的咨询部 ABG。Adayana 公司主营食品、农业及其他相关行业。该公司的咨询部门发展很迅速，其业务重点是为约翰迪尔、孟山都及其他该领域的一流公司解决战略、营销和运营方面的问题。我应邀去做了为期一周的有关 TEAM-FOCUS 模型的课程，取得了极佳的效果。该公司最终采用 TEAM-FOCUS 模型作为其内部组织框架，印发了指导手册，并为顾客定制了补充材料和案例分析模板。

另一家是市场调研公司——沃克资讯公司。该公司正在迅速提高具有较高附加值的咨询能力，并以其擅长研究客户的忠诚度而著称。我应邀请去讲授 TEAM-

FOCUS 模型，与公司一起探讨模型背后的理念，最后创建了该公司自己的方法——SISTEM：分析环境、收集信息和资料、制定战略、开展培训、落实执行和实施监督。目前，公司的每个项目都在运用该方法论。当公司员工开始向他人传授这一理念并在具体的案例研究和实际项目中加以运用时，这一模式就会在第二年起到立竿见影的效果。按照公司首席执行官史蒂夫·沃克的说法，这些理念给公司带来了翻天覆地的变化。

在企业的应用

这些理念对企业经营者同样有用。因为该方法论强调要客观、科学地分析问题，所以我又将其称为战略思维之道。在当今世界，因直觉和执行盲点而导致股东血本无归的案例比比皆是，这更加说明了战略思维模型的重要性。该方法论可以作为团队解决问题和战略思维培训的一部分内容。这里讲述的理念是对企业团队解决问题以及对日常工作的概述。

对于企业经营者而言，本书为他们打开了一扇窗，从中可以看到神秘的解决问题的方法。如果你正受雇于咨询公司或正与之合作，那么定会发现本书的价值。的确，本书获得企业经营者和咨询顾问的好评，他们认为《麦肯锡工具》的理念构筑起了企业与咨询界之间的友谊之桥，毕竟相同的专业术语更能使企业理解咨询界解决问题的分析方法。

最后，企业内部的咨询部门也在急剧增加。部分原因在于许多人希望离开咨询界去追求更好的生活，或希望长期留在某个公司或行业工作。部分原因在于企业意识到独立决策的价值所在（即使来自同一家公司，内部咨询顾问通常独立于其他部门）。无论是在项目中还是在培训中，内部咨询团队都可以使用本书的观点。我的麦肯锡校友致信说他们采用了这些理念并为 3M 之类的庞大公司构建了模板体系。

管理之道

<table>
<tr><th>TEAM</th><th>FOCUS</th></tr>
<tr><td>交流（Talk）
• 沟通不息
• 用心倾听
• 人事分离
评价（Evaluate）
• 讨论团队协作状态
• 确定期望与监控完成情况
• 明确个人发展目标并相应调整工作计划
协助（Assist）
• 充分利用专长
• 各司其职
• 实时反馈
激励（Motivate）
• 确定个性化激励因素
• 积极正面影响团队成员
• 庆祝成就</td><td>界定（Frame）
• 明确关键问题
• 创建议题树
• 形成基本假设
分工（Organize）
• 构建总体流程图
• 制订内容计划以检验假设
• 设计故事线索
收集（Collect）
• 通过“草图”呈现必要数据
• 进行针对性的访谈
• 收集第三方数据、资料
解读（Understand）
• 明确“so what”
• 厘清对项目相关方面的启示
• 记录所有图表中的核心见解
提炼（Synthesize）
• 获取意见，确保认可
• 提供具体的改进建议
• 讲述一个好故事</td></tr>
</table>

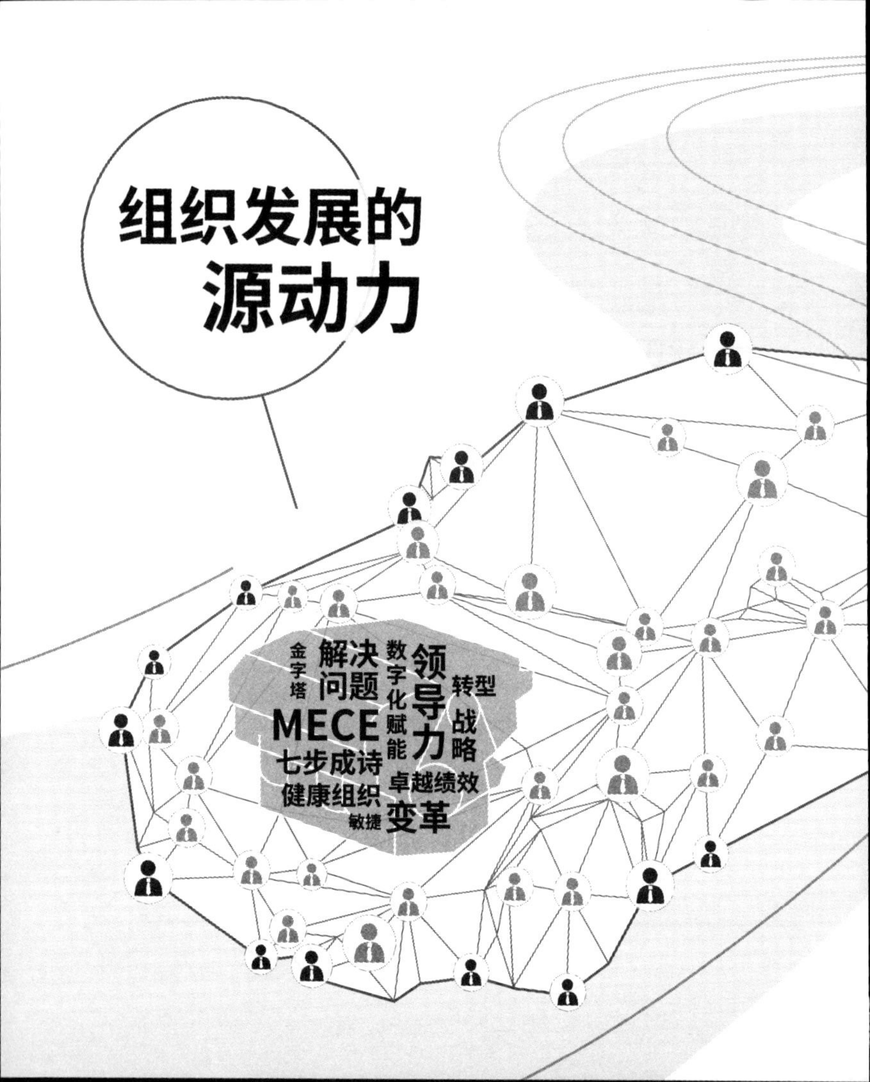
组织发展的
源动力
金字塔
解决问题
MECE
七步成诗
健康组织
敏捷
数字化赋能
领导力
转型
战略
卓越绩效
变革

推荐阅读

“麦肯锡学院”系列丛书

麦肯锡方法：用简单的方法做复杂的事

作者：[美]艾森·拉塞尔 ISBN：978-7-111-65890-0

麦肯锡90多年沉淀，让你终身受益的精华工作法。

麦肯锡意识：提升解决问题的能力

作者：[美]艾森·拉塞尔 等 ISBN：978-7-111-65767-5

聪明地解决问题、正确地决策。

麦肯锡工具：项目团队的行动指南

作者：[美]保罗·弗里嘉 ISBN：978-7-111-65818-4

通过团队协作完成复杂的商业任务。

麦肯锡晋升法则：47个小原则创造大改变

作者：[英]服部周作 ISBN：978-7-111-66494-9

47个小原则，让你从同辈中脱颖而出。

适合职业晋级的任何阶段。

麦肯锡传奇：现代管理咨询之父马文·鲍尔的非凡人生

作者：[美]伊丽莎白·哈斯·埃德莎姆 ISBN：978-7-111-65891-7

马文·鲍尔缔造麦肯锡的成功历程。

麦肯锡领导力：领先组织10律

作者：[美]斯科特·凯勒 等 ISBN：978-7-111-64936-6

组织和领导者获得持续成功的十项关键。

推荐阅读

底层逻辑：看清这个世界的底牌

作者：刘润 著 ISBN：978-7-111-69102-0

为你准备一整套思维框架，助你启动“开挂人生”

底层逻辑2：理解商业世界的本质

作者：刘润 著 ISBN：978-7-111-71299-2

带你升维思考，看透商业的本质

进化的力量

作者：刘润 著 ISBN：978-7-111-69870-8

提炼个人和企业发展的8个新机遇，帮助你疯狂进化！

进化的力量2：寻找不确定性中的确定性

作者：刘润 著 ISBN：978-7-111-72623-4

抵御寒气，把确定性传递给每一个人

关键时刻掌握关键技能

《纽约时报》畅销书，全美销量突破400万册

《财富》500强企业中的300多家都在用的方法

推荐人

史蒂芬·柯维 《高效能人士的七个习惯》作者

汤姆·彼得斯 管理学家

菲利普·津巴多 斯坦福大学心理学教授

穆罕默德·尤努斯 诺贝尔和平奖获得者

麦克·雷登堡 贝尔直升机公司首席执行官

樊登 樊登读书会创始人

吴维库 清华大学领导力教授

采铜 《精进：如何成为一个很厉害的人》作者

肯·布兰佳 《一分钟经理人》作者

夏洛特·罗伯茨 《第五项修炼》合著者

关键对话：如何高效能沟通（原书第2版）（珍藏版）

作者：科里·帕特森 等 书号：978-7-111-56494-2

应对观点冲突、情绪激烈的高风险对话，得体而有尊严地表达自己，达成目标

关键冲突：如何化人际关系危机为合作共赢（原书第2版）

作者：科里·帕特森 等 书号：978-7-111-56619-9

化解冲突危机，不仅使对方为自己的行为负责，还能强化彼此的关系，成为可信赖的人

影响力大师：如何调动团队力量（原书第2版）

作者：约瑟夫·格雷尼 等 书号：978-7-111-59745-2

轻松影响他人的行为，从单打独斗到齐心协力，实现工作和生活的巨大改变